기적의 숫자 퍼즐

네모네모 로직®

5 PLUS

CONTENTS

제우미디어

풀이법

설명의 순서대로 한 번만 따라 칠해보면 로직해법을 마스터할 수 있습니다!

기본 규칙

- 숫자는 '연속해서 칠할 수 있는 칸의 수'를 의미한다.
- 한 줄에 여러 개의 숫자가 있을 때는, 숫자와 숫자 사이에 반드시 한 칸 이상을 띄고 칠해야 한다.
- 칠할 수 없는 칸은 ╳로 표시한다.
- 완성된 숫자는 ◯로 표시한다.

1

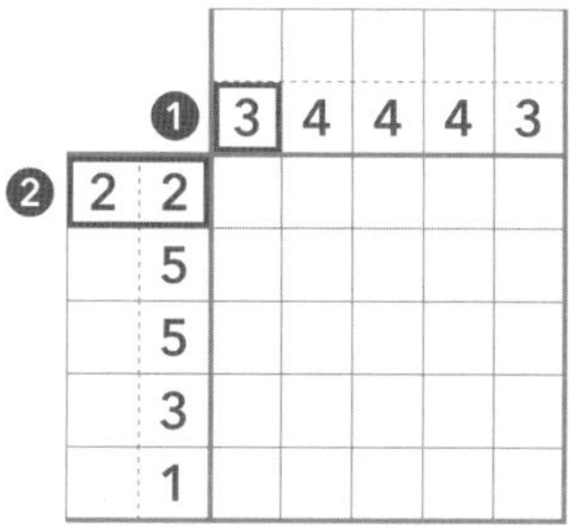

문제의 크기는 5x5이다.

❶은 세로 다섯 칸 중 세 칸을 연속해서 칠해야 한다는 뜻이다.

❷는 두 칸을 칠한 후, **한 칸 이상을 띄고** 다시 두 칸을 칠해야 한다는 뜻이다.

2

5는 다섯 칸을 연속해서 칠해야 한다. 다섯 칸을 모두 칠하고, 완성 된 5에 ◯로 표시한다.

3

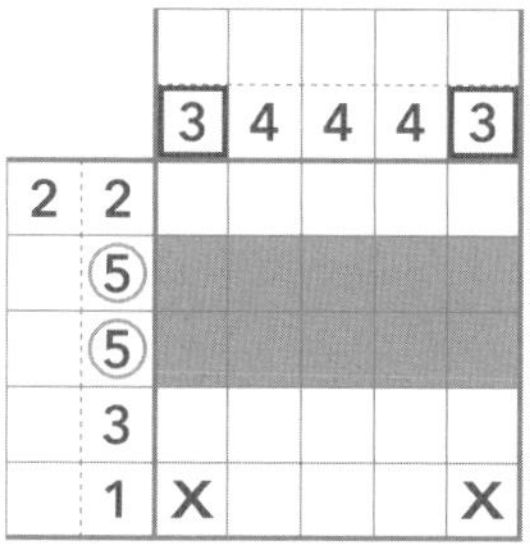

위쪽의 3은, 세 칸이 연속해서 칠해져야 하니 맨 밑줄은 칠할 수 없게 된다. X로 표시한다.

4

위쪽의 4는, 네 칸이 연속해서 칠해져야 한다. **경우의 수를 따져보면** 네 번째 줄을 칠할 수 있다.

잠깐!

이 경우, 세 칸을 연속해서 칠할 수 있는 경우는 A, B 두 경우이다. 그러므로 칠할 수 없는 마지막 칸은 X로 표시한다.

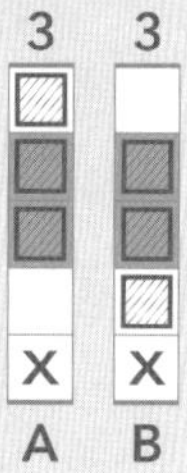

잠깐!

이 경우, 네 칸을 연속해서 칠할 수 있는 경우는 A, B 두 경우이다. 여기서 네 번째 칸은 무조건 칠해진다.

5

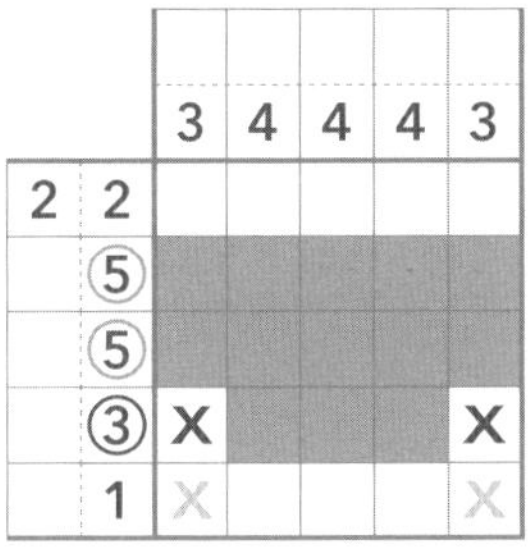

왼쪽의 3이 완성되었으니 숫자에 ○로 표시하고, 네 번째 줄의 양 옆을 ×로 표시한다.

6

위쪽의 3을 다시 보면 네 번째, 다섯 번째 칸이 ×로 표시되어 있다. 그럼 첫 번째 칸을 칠해야 3이 완성된다. 완성된 3은 ○로 표시한다.

7

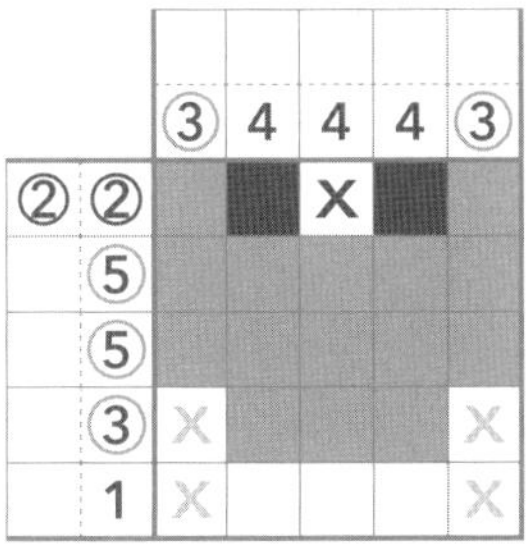

왼쪽의 2는 두 칸이 연속해서 칠해져야 하니, 두 번째 칸과 네 번째 칸을 칠할 수 있다. 세 번째 칸은 ×로 표시하고, 완선 된 2는 ○로 표시한다.

8

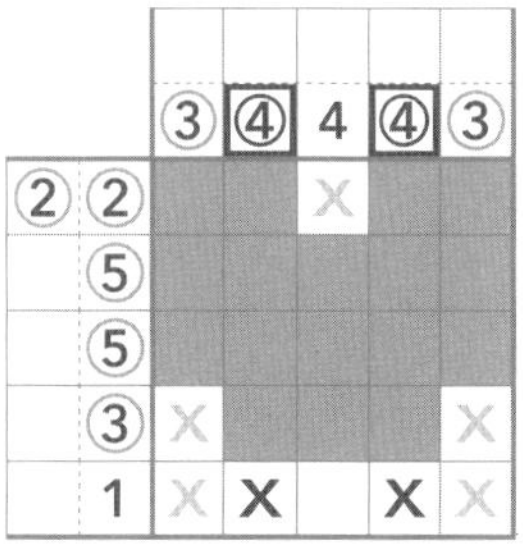

이렇게 되면 위쪽의 두 번째, 네 번째가 완성된다. 완성된 4를 ○로 표시하고 맨 밑줄은 ×로 표시한다.

9

이제 남은 것은 위쪽의 4와 왼쪽의 1이다. **맨 밑줄의 남은 한 칸을 칠하면**, 위쪽의 4이자 왼쪽의 1이 완성된다.

잠깐!

네모 로직의 문제 크기가 큰 경우, **큰 숫자부터 공략하는 것**이 쉽다.
예를 들어 문제가 10x10이고 한 줄인 열 칸 중에서 아홉 칸을 연속해서 칠해야 할 때,
전체 칸 수(10) - 해당 칸 수(9) = **빈 칸 수(1)**
이 공식을 이용하면 경우의 수를 쉽게 풀 수 있다. 여기서는 1이 나왔으니 **위아래 한 칸씩**을 비우고 가운데 여덟 칸을 칠한다.

중요한 로직 풀이 TIP!

문제의 크기가 큰 로직 중에는 위의 설명만으로 해결되지 않는 것이 있다. 그럴 때 이것만 기억해 두면 손쉽게 풀 수 있다.

위에서부터 칠했을 때와 아래에서부터 칠했을 때 겹쳐지는 칸이 어디인지를 찾는다. 이때 숫자의 순서는 반드시 지켜야 하며 점을 찍어가며 생각하면 편하다.

❶ 한 칸에 점을 찍고, 한 칸 띄고 6칸에 점을 찍는다.
❷ 뒤에서부터 6칸에 점을 찍고, 한 칸 띄고 한 칸에 점을 찍는다.
❸ 겹치는 부분을 찾아 칠한다.

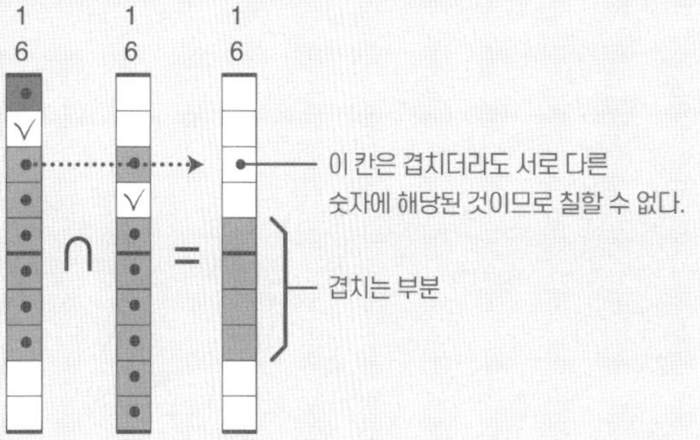

네모네모 로직® 플러스 5

초판 1쇄 펴냄 2021년 12월 15일

편　　저 | 제우미디어
발 행 인 | 서인석
발 행 처 | 제우미디어
등 록 일 | 1992. 8. 17
등록번호 | 제 3-429호
주　　소 | 서울시 마포구 독막로 76-1 한주빌딩 5층
전　　화 | 02) 3142-6845
팩　　스 | 02) 3142-0075

I S B N | 979-11-6718-085-8
978-89-5952-895-0 (세트)

만든 사람들

출판사업부 총괄 손대현
편집장 전태준 | **책임편집** 황진희 | **기획** 홍지영, 안재욱, 신한길, 양서경
영업 김금남 | **제작** 김용훈 | **문제 디자인** 나영 | **표지·내지 디자인** 디자인그룹올 | **표지·내지 조판** 디자인수

※ 값은 뒤표지에 있습니다.
※ 파본은 구입하신 서점에서 교환해 드립니다.

A1

종이를 끼워요

난이도

★☆☆☆☆

15×15

Column clues:

1	2	3	4	5	6	7	8	9	10	11	12	13	14	15
						2	2	2						
						1	1	1	4					
1	1	1	1	13	15	2	2	9	8	3	1	1	1	1

Row clues:

	5
	7
2	2
	15
	2
	2
2	2
2	2
2	2
2	2
2	2
2	2
2	2
	6
	4

A2

3개보다 4개가 더 반가워요

난이도

★☆☆☆☆

15×15

Column clues:

1	2	3	4	5	6	7	8	9	10	11	12	13	14	15
											6	6		
3	4	6					4	7	10	12	5	5	4	3
3	4	5	13	13	13	10	3	2	2	2	2	2	5	2

Row clues:

	4	3
	5	4
	7	6
	7	7
	7	7
		13
		8
		13
		15
	7	7
	8	5
4	1	4
	3	2
		5
		4

A3

성숙한 수컷만 빨갛게 돼요

난이도

★☆☆☆☆

15×15

Column clues (top to bottom):

1	2	3	4	5	6	7	8	9	10	11	12	13	14	15
										6				
	3	3	2	2	1				5	1	8	9		
6	2	1	2	1	2	2	4	10	4	2	2	2	9	10
2	3	3	3	3	4	6	6	3	2	1	1	1	3	3

Row clues (left to right):

		3	10
		3	9
		4	8
	1	2	8
	1	2	7
2	2	1	5
	3	4	4
			12
		5	3
		7	1
		5	2
	3	2	2
	3	1	3
	3	2	2
		2	6

A4

제주도의 특산품이에요

난이도

★☆☆☆☆

15×15

Column clues (top to bottom):

1	2	3	4	5	6	7	8	9	10	11	12	13	14	15
								3	3		3			
		2	2	1	3	2	1	1	2	7	4	3	3	2
4	9	3	2	1	1	1	1	2	2	3	4	9	6	1

Row clues (left to right):

		6
		7
		8
2	1	1
	3	2
2	1	5
	2	5
	1	3
	1	2
	1	2
	1	2
	2	4
	3	3
	4	5
		12

A5 + A6

동전을 던져 소원을 빌어요

난이도

★☆☆☆☆

15×15

Column clues (top to bottom, columns 1–15):

Column	Clues
1	6 2 3
2	5 8
3	1 2 7
4	2 2 3 2
5	3 4 1 2
6	3 6 1
7	1 4 6
8	2 2
9	1 3 6
10	3 6 1
11	3 4 1 2
12	2 2 3 2
13	1 2 7
14	5 8
15	6 2 2

Row clues (rows 1–15):

Row	Clues
1	3 3 3
2	2 1 1 1 2
3	2 4 3 2
4	7 7
5	3 2 2 3
6	1 3 1
7	3 1 3
8	5 5
9	2 3 3 2
10	7 6
11	4 2 2 4
12	6 7
13	3 2 2 2
14	2 2 1 1 2 2
15	2 3 3 2

+

15×15

Left clues (rows 1–15, as printed):

Row	Clues
1	2 4 4 2
2	2 3 3 2
3	2 2 2 2
4	1 5 5 1
5	1 5 5 1
6	1 2 3 2 1
7	3 7 3
8	3 3
9	4 4
10	1 9 1
11	4 3 4
12	2 5 2
13	1 1
14	2 2
15	15

Bottom clues (columns 1–15, top to bottom):

Column	Clues
1	10 3
2	3 3 1 2
3	6 2 1
4	6 4 1
5	5 1 2 1
6	2 2 1 1 1 1
7	1 4 3 1
8	2 3 1
9	1 4 3 1
10	2 2 1 1 1 1
11	5 1 2 1
12	6 4 1
13	6 2 1
14	3 3 1 2
15	10 3

A7

정답은 뭘까요~?

난이도

★☆☆☆☆

20×20

Column	Clues
1	9
2	3 2
3	2 3 2
4	1 5 1
5	1 3 3 10
6	1 2 2 10
7	1 2 2 1 1
8	1 3 3 10
9	2 5 2
10	10
11	3 2
12	2 1 1 2
13	1 3 3 10
14	1 6 10
15	1 3 1 1
16	1 5 10
17	1 3 3 1
18	2 1 1 2
19	3 2
20	9

Row	Clues
1	20
2	3 4 3
3	2 4 2 1 1 2
4	1 7 3 3 1
5	1 3 3 5 1
6	1 2 2 3 1
7	1 3 3 5 1
8	1 7 3 3 1
9	2 4 2 2 1 2
10	2 4 2
11	7 7
12	2 1 2 1
13	2 1 2 1
14	2 1 2 1
15	2 1 2 1
16	2 1 2 1
17	2 1 2 1
18	2 1 2 1
19	2 1 2 1
20	4 4

A8

긴 생머리와 또 다른 매력

난이도

★☆☆☆☆

20×20

Column	Clues
1	2
2	8 2
3	12 3
4	13 3
5	13 4
6	6 4 4
7	5 1 3 4
8	4 3 7
9	5 3 1 4
10	5 1 1 1 3
11	4 2 1 2
12	5 3 1 2
13	5 1 1 1 3
14	5 3 6
15	4 3 2 4
16	5 1 2 4
17	13 3
18	12 3
19	8 2
20	3

Row	Clues
1	10
2	14
3	16
4	16
5	5 2 3 3
6	5 4
7	4 3
8	4 4 7
9	4 2 2 3
10	4 2 2 3
11	5 1 4
12	6 4 4
13	6 2 5
14	6 4
15	10
16	1 1
17	5 3
18	8 6
19	18
20	18

A9 + A10

열매도 뿌리만큼 써요

난이도

★⯪☆☆☆

20×20

Column clues (top to bottom):

Col	Clues
1	1
2	3
3	1 3
4	3 3
5	3 3
6	3 3 3
7	5 6 4
8	5 3 3
9	1 3 1 2
10	8 1 3
11	3 6 1
12	4 1
13	4 6 1 1
14	6 2 4 1
15	7 6
16	7 5
17	5 4
18	4 2 3
19	4 3
20	3 3

Row clues:

Row	Clues
1	4
2	3 2 1
3	6 3 3
4	6 3 4
5	4 3 4
6	1 7
7	1 4
8	4 2 6
9	6 1 3 3
10	5 1 2 2 2
11	5 1 3
12	6 3 3
13	7 4 2
14	5 2 3
15	8
16	1 3
17	2 5
18	1 2
19	1 4
20	1 2

+

20×20

Row clues:

Row	Clues
1	1 3
2	2 6
3	1 3
4	1 5
5	2 2
6	3 5
7	1 1 3 3
8	2 2 2 3
9	2 2 2 2
10	1 2 2 3
11	2 3 4 2
12	1 2 1 4 2
13	4 1 3 1 2
14	4 2 3 2 2
15	2 1 2 3
16	2 2 3
17	2 2 3
18	4 3 4
19	10 3
20	8

Column clues:

Col	Clues
1	2 2
2	3 3
3	4 3
4	4 2 3
5	4 2 4
6	2 2 2 2
7	11 3 2
8	1 7 2
9	2
10	2
11	1 3
12	1 3 1 5
13	1 1 10
14	1 1 2 4 1
15	6 2 2
16	7 3 3
17	4 3 5
18	4 4
19	9
20	5

A11

연지 곤지를 찍었어요

20×20

난이도

★⯪☆☆☆

Column clues (top to bottom):

									1	3									
									2	2	3								
					3	4	3	3	4	3	2	3	4	3	5				
				5	1	1	1	2	1	1	5	1	1	1	1				
				1	2	2	2	5	1	1	1	2	2	2	1				
	10		7	2	2	3	4	3	1	1	1	4	3	2	2	7		9	
2	4	20	5	3	2	2	1	1	1	1	1	1	2	2	3	5	20	4	2

Row clues:

			3	8	3
				7	8
				7	8
				5	5
			4	2	4
			3	2	3
		3	4	4	3
		2	4	1	2
	2	3	2	3	2
			2	12	2
		2	2	1	2
		2	1	1	2
2	2	1	1	2	2
	2	2	4	2	1
		1	2	2	1
			2	8	2
		3	3	2	3
			4	6	4
				7	7
					20

A12

요즘은 많이 안 쓰는 추세예요

20×20

난이도

★⯪☆☆☆

Column clues (top to bottom):

							2			3	2	3							
			3	1	6	3	1			1	1	1	4	4			3	3	
	1		2	3	1	1	1	3		1	1	1	2	1	4	3	2	2	
	6	4	2	2	1	2	2	1	5	2	5	1	5	2	2	2	2	2	
	2	2	2	5	1	5	2	1	1	2	2	1	1	2	2	2	2	2	4
20	4	3	2	2	1	1	3	3	1	1	1	4	1	4	1	2	3	4	14

Row clues:

			2	9	3
			1	9	4
		1	2	3	8
	2	2	1	4	1
					16
				6	3
		4	8	2	1
		3	3	3	3
		2	2	2	2
1	2	2	2	2	1
			3	5	3
2	2	2	1	1	2
		1	5	5	1
1	1	1	2	2	3
			1	5	3
		1	2	2	1
		2	2	2	2
		3	2	5	3
	5	2	1	1	4
					20

A13

비 오는 날을 좋아해요

20×20

난이도

★☆☆☆☆ (1.5)

Column	Clues
1	4 2
2	1 4 1 2
3	9 2 3
4	3 4 3
5	2 7
6	3 1 1 3 1
7	1 7 2 1 1
8	7 2 1
9	4 1
10	8 2
11	10 2
12	12 2
13	5 5 2
14	2 1 2 4 3
15	1 1 4 3 3
16	1 1 2 1 3 4
17	1 2 2 3 4
18	2 4 3 4
19	2 4 4
20	8 6

Row	Clues
1	6
2	3 3 2
3	3 1 1 3 3 2
4	1 1 3 5 2 1
5	3 2 4 2 1 1
6	3 2 3 3 1 1
7	3 6 2 2 1
8	3 6 3 1
9	3 1 5 2
10	1 3 6 3
11	2 10
12	1 3 10
13	3 2 6 1
14	3 1
15	1 2
16	2 4
17	3 5
18	4 6
19	5 9
20	16

A14

김치로 만들어요

20×20

난이도

★☆☆☆☆ (1.5)

Column	Clues
1	6
2	4 8
3	6 3
4	5 3 2
5	7 2
6	12 1
7	7 7 1
8	3 4 4 4
9	5 6
10	8 1 1
11	1 1 1
12	7 3 4
13	6 9 1
14	3 6 3 1
15	7 3 1
16	7 2
17	5 3 2
18	3 3
19	5 7
20	6

Row	Clues
1	6
2	3 4 3
3	10 4 3
4	7 2 9
5	7 2 2 6
6	1 6 1 2 3 2
7	1 1 4 1 1 4 2
8	2 4 1 3 1
9	1 3 1 5 2
10	1 1 2 2 2 1
11	1 1 2 4 1 1
12	1 3 4 1
13	1 3 2 1 1
14	1 3 2 1
15	2 3 2 2
16	1 1 1 2 1
17	2 2 2 2
18	2 5 2
19	5 5
20	5

A15

멋있게 길러보아요

난이도

★☆☆☆☆ (1.5)

20×20

Column	1	2	3	4	5	6	7	8	9	10	11	12	13	14	15	16	17	18	19	20
Clues	3	6 3	7 2 1	9 2 3	6 2 6	6 4 2 1	6 4 2 1	5 2 1 1	5 1 1	4 2	4 7	7 10	15 2	12 1 2	8 1 6	8 3 6	8 6	15	13	9

Row	Clues
1	6
2	16
3	18
4	19
5	18
6	8 9
7	2 9
8	1 9
9	5 8
10	5 2 4
11	1 2 5 3
12	2 2 3 1 3
13	2 3 1 3
14	1 3 4
15	4 9
16	4 3 5
17	5 2 4
18	1 2 3
19	1 8
20	12

A16

노래방 필수품!

난이도

★★☆☆☆

20×20

Column	1	2	3	4	5	6	7	8	9	10	11	12	13	14	15	16	17	18	19	20
Clues	4	7	9	12	3 7	1 2 3 4	1 1 2 3 1 3	2 3 2 10	4 1 9 1	5 3	3 2	5 2	1 3 4	1 2 2 2	4 5	2 2 3	5 4 3	1 1 2 1 1	1 2 9	5 5

Row	Clues
1	4 4
2	2 2 1 1
3	3 1 1 1
4	1 4 2 2
5	2 2 2 2
6	5 4
7	5 1 1 3
8	4 3 6 1
9	4 2 8 1
10	4 1 5 4
11	5 5 3
12	4 3 2
13	4 4 4
14	3 1 2 2 2
15	2 1 2 5
16	4 3
17	3 3
18	4 1 1
19	1 6
20	7

A17

딱딱하고 짭짤한 독일 과자

난이도

★★☆☆☆

20×20

No.	Column clues	Row clues
1	20	20
2	4 9	3 6 3
3	2 2 2	2 3 2
4	1 5 2 2	2 2 1
5	1 8 5	1 4 4 1
6	1 8 2 3	1 7 5 1
7	1 7 1 3	1 5 1 4 1
8	2 3 2 2 2	1 4 2 4 1
9	2 1 5 2	1 4 1 4 1
10	3 3 4 2	1 4 7 1
11	3 3 3 2	1 4 4 2
12	4 1 3 2	2 3 2 3 2
13	2 3 2 1 3	2 1 2 2 2
14	1 8 2 3	3 5 4
15	1 8 5	3 9 3
16	1 9 3	2 2 4 2 2
17	1 5 2 2	2 1 1 2
18	2 2 2	2 3 4 2
19	3 10	20
20	20	20

A18

쫑긋! 집중해서 들어요

난이도

★★☆☆☆

20×20

No.	Column clues	Row clues
1	20	20
2	20	6 9
3	20	5 6
4	6 10	4 5 2
5	3 8	4 6 2
6	2 4 6	4 2 2 1
7	1 9 4	3 2 2
8	1 3 2 3	3 2 4
9	1 2 4 1 2	3 2 4
10	1 2 6 2	3 2 2 1
11	1 2 2 3 2	4 1 2 2
12	2 6 3 1 1	4 1 6
13	2 3 6 1	5 2 5
14	3 3 2	5 1 1 2
15	5 2	6 1 2
16	6	6
17	3	7 1
18	3	8 2
19	3	14
20	2	11

A19

손톱을 깎아볼까요?

난이도

★★☆☆☆

20×20

Column	Clue
1	5 4
2	5 2 3
3	5 3 3
4	5 2 2 2
5	5 7 2
6	5 2 2 5
7	5 2 2 5
8	5 2 2 3
9	5 2 2 3
10	7 2 3
11	6 2 3
12	5 3 2
13	4 2 1 3
14	3 3 2 2
15	2 2 1 2
16	2 2 1 2
17	3 2 3 2
18	5 3 2
19	5 2 2
20	5 4

Row	Clue
1	20
2	20
3	14 4
4	13 3
5	12 4
6	2 2
7	2 2
8	2 2
9	2 1
10	2 2
11	2 2 3
12	2 2 7
13	5 5 2 1
14	2 3 2 2
15	5 2 4
16	1 5 6
17	2 3 8
18	3 8
19	10
20	6

A20

추울수록 더 큰 꽃잎을 피워요

난이도

★★☆☆☆

20×20

Column	Clue
1	6 4
2	2 3 5
3	1 2 5
4	4 9
5	2 1 2 4
6	2 2 1 2
7	1 2 1 2
8	1 5 2
9	1 8 1
10	1 2 2 2 2
11	1 1 1 2 3
12	2 2 1 5 3
13	12 4
14	2 3 3
15	1 2 3
16	1 2 3
17	2 2 4
18	2 4 6
19	5 5 4
20	3

Row	Clue
1	7
2	2 2
3	2 5
4	1 2 2
5	1 4 2
6	5 2 2 1
7	2 2 1 1 1
8	1 4 2 1
9	1 4 2 2
10	1 2 6
11	1 5 8
12	2 2 6 2
13	3 5 1
14	3 1 1
15	1 1 2
16	3 1 1
17	5 4 3
18	20
19	8 9
20	5 8

A21 자도 자도 졸려요

난이도 ★☆☆☆☆

25×25

1	2	3	4	5	6	7	8	9	10	11	12	13	14	15	16	17	18	19	20	21	22	23	24	25
					3					2	2			2	2			4		3				
	2		1		4	10	5		1	1	1	3	3	1	1	1	3	3		4				
	1	2	6		3	3	3	3	1	1	2	1	1	2	1	1	2	3	11	3	9	1	3	
5	2	5	2	9	3	2	4	1	1	1	1	1	1	1	1	1	4	2	3	4	2	5	4	5
4	2	2	1	5	5	1	2	8	7	7	8	9	8	7	7	8	2	1	5	5	1	2	2	5

			4	6	4
					16
			4	2	4
		2	3	3	2
				3	2
		2	1	1	2
			2	6	2
				3	3
					14
				4	5
				4	5
		2	2	2	1
		2	2	1	2
		1	2	2	1
	1	3	1	3	1
		1	4	3	6
					25
					22
			2	13	2
			2	11	1
	1	2	9	2	1
	1	4	9	4	1
	2	4	9	4	2
2	2	2	2	2	2
				6	6

A22 공을 넣어야 해요

난이도 ★☆☆☆☆ (1.5/5)

25×25

Column clues (left to right, read top to bottom)

Col	Clue
1	1 3
2	1 5
3	1 10
4	1 2 6
5	1 2 5
6	1 1 3
7	1 1 3
8	1 1 2
9	1 2 2
10	1 2 2
11	1 5
12	1 7
13	1 3 3
14	1 2 2 1
15	1 3 1 2
16	1 3 1 3
17	22
18	1
19	22
20	1 3 1 3
21	1 3 1 2
22	1 3 2 1
23	1 3 3
24	1 7
25	1 5

Row clues (top to bottom)

Row	Clue
1	1 1
2	1 1
3	1 1
4	1 1
5	17 7
6	1 1
7	1 1
8	1 1
9	1 1
10	1 1
11	1 1
12	1 1
13	3 4
14	5 5 6
15	2 2 6 7
16	2 4 1 1 3
17	1 2 1 1 2
18	1 2 4 4 2
19	1 4 1 1 4
20	2 4 2 2 2
21	4 2 6 5
22	9 7
23	8
24	7
25	4

기본이 제일 맛있는 법이죠

난이도 ★☆☆☆☆ (1.5/5)

25×25

Column clues (top to bottom):

Col	Clues
1	4 3 5
2	2 8 10
3	1 1 1 3 2 5
4	2 1 1 4 1 4
5	1 1 2 3 1 4
6	1 1 2 2 3 4
7	1 1 2 1 3 3
8	2 4 2 3 3
9	1 4 6 3
10	1 1 1 4 2 3
11	1 1 1 4 2 3
12	1 1 6 1 3
13	1 1 6 1 3
14	1 1 6 1 3
15	1 1 1 4 2 3
16	1 1 1 4 2 3
17	1 4 3 3 3
18	2 4 6 3
19	1 4 2 2 4
20	1 1 2 1 1 4
21	1 1 2 2 1 4
22	2 1 1 3 2 5
23	1 3 7 6
24	2 8 10
25	4 2 5

Row clues (left to right):

Row	Clues
1	11
2	5 5
3	3 3
4	2 2
5	1 1
6	1 1
7	2 2
8	8 8
9	1 12 2
10	8 8
11	1 17 1
12	3 3 2
13	4 8 3
14	5 12 4
15	1 20
16	2 8 1 2
17	3 4 3 4
18	10 11
19	1 13 1
20	1 2
21	3 4
22	6 7
23	25
24	25
25	25

A24 여름을 큰소리로 알려요

난이도 ★★☆☆☆

25×25

Column clues (left to right, top to bottom):

Col	Clue
1	8 8
2	11 6
3	25
4	13
5	8
6	4 1 3
7	5 6 1
8	3 4 4
9	3 1 5 3 2
10	2 5 3 3
11	1 3 5 2 2
12	8 11
13	9 1 1 2 2
14	8 11 3
15	1 3 11
16	2 8 3
17	3 1 1 4 3
18	7 4 2
19	3 4 5
20	3 4 2
21	4 3 10
22	7 3
23	4 13
24	1 11
25	15

Row clues (top to bottom):

Row	Clue
1	4 4
2	4 3 3
3	4 7 3
4	4 2 3 2 3
5	4 1 3 1 1
6	4 1 5 1 1
7	4 7 2
8	4 7 1
9	3 3 3 3 1
10	3 2 2 1 2 2 1
11	3 6 6 1 1
12	2 2 1 6 3 1 1
13	2 2 1 2 3 1 1 1 1
14	1 2 1 6 1 2 1 1
15	1 2 3 1 2 3 1 3
16	1 1 1 1 1 2 1 1 1 3
17	1 1 2 1 4 1 1 1 3
18	1 1 1 3 4 5 3
19	1 1 3 1 2 3 1 2 3
20	3 1 1 8 1 2 3
21	3 1 2 1 3 6 3
22	3 6 1 1 1 3
23	3 1 2 1 5 3
24	3 3 1 1 3 3
25	3 1 1 1 3

A25 크림을 바르고 돌돌 말아요~

난이도 ★★☆☆☆

25×25

												1				1								
									1	4	6	6	7			2	1							
								2	2	2	3	1	1	6	1	1	2							
							5	3	1	3	2	2	2	2	8	4	3	5						
				4	3	2	4	6	8	3	2	4	3	2	3	2	7	5	3	3	5		8	
2	3	12	15	6	4	3	3	2	2	2	2	2	3	3	4	2	2	3	3	4	6	14	3	2

				4
				4
			2	3
				7
				10
		2	6	2
1	1	3	1	1
	3	2	1	2
		4	2	5
		8	2	5
		3	5	4
			2	3
		3	7	3
		2	9	3
	2	4	3	2
	2	3	3	2
2	3	2	3	2
2	4	2	2	2
	2	6	2	2
	3	4	2	3
		3	2	2
		6	2	5
		8	3	7
				23
				19

A26 입술에 생기를 불어넣어요

난이도 ★★☆☆☆

25×25

Column clues:

1	2	3	4	5	6	7	8	9	10	11	12	13	14	15	16	17	18	19	20	21	22	23	24	25
		2				2	2			2										2	2			
		7	3	3	2	5	3	1		2	7			4	5	4	3	3	3	5	6			
7	7	2	9	8	7	1	2	2	3	2	4			6	3	3	4	4	4	1	1	8	6	
5	7	5	4	3	2	2	2	4	5	8	9	22	22	11	11	11	11	10	10	7	4	1	2	1

Row clues:

		3	9
		7	10
	5	6	2
		6	3
		5	3
		3	4
	1	4	4
	2	6	6
		3	11
		5	11
7	2	3	3
		10	4
			15
		7	4
	5	7	2
		3	12
		5	9
	2	2	11
		2	13
		2	14
		3	15
	4	2	13
		7	13
		6	11
		4	10

A27 귀를 대면 파도 소리가 들려요

난이도 ★★☆☆☆

25×25

Column clues (top to bottom):

Col	Clue
1	6
2	1 4
3	6
4	6
5	6 4
6	4 2 7 2 1
7	2 2 5 2 2 1
8	1 2 4 2 3
9	2 2 1 4 3 2
10	1 5 4 2 2
11	7 4 3 3
12	7 4 6
13	6 5 2
14	1 4 5 4
15	1 4 5 5
16	2 2 13
17	2 2 10 1
18	2 2 4 5
19	1 1 1 1 5
20	1 2 2 2 5
21	3 4 2 5
22	2 7 3 4
23	2 4 5 1 3
24	1 3 5
25	3 5

Row clues (left to right):

Row	Clue
1	8
2	10 3 1
3	3 3 2 2 2
4	2 6 3 2
5	1 7 2 2
6	1 9 2
7	1 7 3
8	6 4
9	3 3
10	2 2
11	1 2
12	1 8 2
13	12 1
14	13 2
15	13 2
16	2 6 2
17	1 4 2
18	4 5
19	7 3
20	5 4 2
21	1 3 2 11
22	7 1 9 2
23	4 3 15
24	4 9 8
25	4 7 8 3

A28 교복 형식 중 하나예요

난이도 ★★☆☆☆

25×25

열	힌트
1	6
2	4 2
3	3 2
4	1 2 2
5	3 18
6	1 2 4
7	3 2 4
8	4 1 4
9	4 2 4
10	5 2 4 4
11	1 4 2 5 4
12	1 7 2 4
13	1 7 4
14	1 8 4
15	1 3 1 1 2 4
16	1 4 2 5 4
17	5 2 4 4
18	4 2 4
19	3 2 4
20	2 2 4
21	3 17
22	2 2 1
23	3 3
24	4 2
25	6

행	힌트
1	14
2	6 6
3	3 5 4 3
4	1 2 4 3 2 1
5	2 2 3 3 2 2
6	1 3 2 3 2 1
7	1 2 4 2 1
8	2 1 5 2 2
9	1 1 6 1 1
10	1 1 3 1 1
11	1 1 6 1 1
12	2 1 1 2 1 1 3
13	5 8 5
14	3 3 3 3
15	1 2 2 1
16	1 1 1 1
17	1 1
18	1 1
19	1 1
20	1 1
21	1 1
22	17
23	17
24	18
25	19

A29 맨 위의 별이 포인트예요

난이도 ★★☆☆☆

25×25

Column clues (top to bottom):

Column	Clues
1	2 1
2	2 1
3	3 1 2
4	2 1 3
5	2 2 5
6	2 3 6
7	2 1 6 4
8	2 5 2 4
9	4 5 3 7
10	1 5 2 3 6 1
11	2 2 3 1 6 1
12	1 2 2 3 5 1
13	2 2 3 2 4 1
14	1 5 2 3 6 1
15	3 5 3 7
16	2 5 3 4
17	3 1 6 4
18	2 3 6
19	2 2 5
20	2 1 3
21	1 1 2
22	2 1
23	3 1
24	2 1
25	1 1

Row clues (left to right):

Row	Clues
1	2 2 3 2 2
2	11 12
3	3 3 1 1 4 3
4	2 2
5	1 1 1
6	5
7	2 2
8	2 2
9	2 1 1 2
10	11
11	9
12	2 2
13	2 2
14	2 2 1 2 2
15	6 8
16	15
17	1 2
18	2 2 1 2
19	6 4 2 8
20	15
21	17
22	19
23	19
24	1 1
25	7

A30 반가운 손님이 오려나 봐요

난이도 ★★☆☆☆

25×25

열	1	2	3	4	5	6	7	8	9	10	11	12	13	14	15	16	17	18	19	20	21	22	23	24	25
													2	3											
											4		2	2	3	3	2								
									9	9	2	3	2	1	4	3	1	3							
						2	11	13	2	2	1	2	2	1	3	2	3	3							
					6	5	1	2	2	2	4	7	3	3	2	1	2	1	2	3	2		1		
	2	2	3	4	5	6	4	4	4	4	3	3	3	3	3	3	5	4	5	3	4	7	4	4	4

행	힌트
1	5
2	7
3	3 4
4	12
5	14
6	12
7	6 4
8	5 4
9	4 1 3
10	2 2 2 5
11	2 2 2 3
12	1 2 5 2
13	2 10
14	2 9
15	3 6
16	8 5
17	2 3 4
18	2 2 2
19	7 1
20	10
21	2 3 3
22	6 2
23	14
24	14
25	14

A31 참을 수 없어요!

난이도 ★★☆☆☆

25×25

Column clues (left to right, top to bottom):

Column	Clues
1	25
2	5 10
3	4 2 7
4	4 2 3 5
5	4 3 4 4
6	3 2 2 2 3
7	3 2 5 2
8	2 2 3 2
9	1 2 3 4 1
10	3 3 5 5 1
11	3 2 1 3 1
12	3 2 1 3 1
13	4 2 1 1 3 1
14	3 3 5 1
15	2 2 3 4 1
16	2 1 2 5 1
17	1 2 3 2 2 1
18	4 3 5 2
19	4 2 3 2
20	3 2 3
21	2 1 4
22	5 6
23	9 7
24	12 9
25	25

Row clues (top to bottom):

Row	Clues
1	9 13
2	8 7 8
3	7 6 4 4
4	5 5 4 4
5	2 4
6	1 3 2 5 3
7	1 5 2 8 3
8	1 6 5 3
9	1 3 3
10	1 3 3 2
11	1 5 5 2
12	1 2 2 1 2 2 2
13	1 5 1 5 1
14	1 2 1 3 1
15	1 3 1
16	2 4 1
17	2 2
18	2 5 2
19	3 2 2 3
20	3 7 4
21	4 7 4
22	5 7 5
23	6 6
24	8 8
25	25

A32 마지막에 붙이면 상냥해 보여요

난이도 ★★☆☆☆ (2.5/5)

25×25

Column clues (top to bottom)

1	2	3	4	5	6	7	8	9	10	11	12	13	14	15	16	17	18	19	20	21	22	23	24	25
		6		5	6	6	5		1	1				1	1		1	4	4					
	2	9	8	2	2	3	2	3	2	2	1	1	1	2	3	2	2	2	2	5				
	2	1	3	2	4	4	2	2	2	3	4	4	4	3	2	2	2	4	4	2	5		1	
3	3	2	5	4	6	4	3	2	1	1	1	1	1	1	1	2	1	2	2	2	3	13	3	4

Row clues (left to right)

Row	Clues
1	2 2
2	4 4
3	1 15
4	9 3
5	7 3 3
6	5 5 1
7	3 7
8	1 6
9	2 4
10	1 4 4 2
11	1 6 6 1
12	1 2 1 2 1 1
13	1 1
14	1 2 2 1
15	1 4 4 1
16	1 4 7 4 1
17	2 2 7 2 2
18	1 5 1
19	2 3 2
20	2 2
21	3 3 2
22	1 6 3
23	16
24	5
25	3

A33 알파벳 G를 본떠 만들어진 모양

난이도 ★★☆☆☆ (2.5)

25×25

Column clues (top to bottom):

Column	Clues
1	10 4 4
2	8 4 6
3	5 4 6
4	3 4 3 1
5	2 4 1
6	2 4 7 2
7	1 3 9 2
8	3 4 3 2
9	3 3 2 2 1
10	3 3 3 3 1
11	2 3 5 2 2
12	2 2 3 3 2
13	2 2 2 3 1 2
14	1 2 2 3 2 2
15	1 3 3 2 1
16	1 3 3 2 2 1
17	11 3 1
18	5 4 2 2
19	8 3 2
20	4 2 2 2
21	3 3 3 2
22	2 2 3 2
23	2 3 2 2
24	2 4 3 3
25	7 3 3

Row clues (left to right):

Row	Clues
1	7 7 3
2	6 5 5
3	4 4 3 1
4	3 4 3 1
5	3 3 2 2
6	2 2 2 2
7	2 2 2 3
8	2 2 7 2 4
9	1 2 16
10	1 2 5 7
11	2 4 3
12	2 3 4 2
13	2 2 8
14	2 2 3 4
15	2 2 2 2 2
16	1 2 1 2 2
17	1 3 2 2
18	3 2 2 2
19	5 4 5
20	2 6 7
21	4 2 6
22	4 2 4 2
23	4 2 5 5
24	3 2 4 8
25	5 4 5

A34 정전에 대비해요

난이도 ★★☆☆☆

20×30

Column clues (top to bottom, columns 1–20)

Column	Clues
1	3
2	4 9
3	2 3 6
4	3 2 7
5	4 9 3
6	3 2 2
7	2 3
8	12 2 2 1
9	6 4 2 3 1
10	2 3 12 1
11	3 2 12 1
12	5 4 2 4 1
13	12 2 2 1
14	2 3
15	3 2 2
16	3 8 3
17	2 2 7
18	3 3 6
19	3 8
20	3

Row clues (left to right, rows 1–30)

Row	Clues
1	2
2	1 3
3	2 1 2
4	4 1 1 1
5	1 1 1 1 2
6	1 1 3 2 4
7	2 1 6 1 1
8	2 1 2 1 1 2
9	4 1 1 2
10	1 1 1 1 4
11	1 1 1 1 1 1
12	1 1 1 1 1 1
13	1 1 1 1 1 1
14	2 2 1 1 2 2
15	6 2 2 6
16	6 6 6
17	4 6 4
18	2 4 2
19	2 2 2
20	3 2 3
21	14
22	12
23	2
24	3
25	4
26	4
27	6
28	2 2
29	2 2
30	10

A35 로댕이 만든 조각상이에요

난이도 ★★☆☆☆

20×30

Column	Clues
1	11
2	8 3
3	7 2
4	4 12 2 3
5	2 5 5 1 4 1
6	1 1 2 1 4 2 1
7	1 2 1 2 2 7 1
8	1 1 5 1 2 4 2
9	1 7 1 8
10	1 7 2 1 5 1
11	2 4 3 1 1 2 1
12	2 1 5 1 2 2
13	2 5 1 3 2
14	1 2 5 3
15	1 2 6 3
16	2 4 2 5 1
17	1 4 2 2 4 1
18	3 1 4 1
19	4 7 1
20	10 10

Row	Clues
1	7
2	2 2
3	1 2
4	4 4
5	2 2 1 3
6	1 2 1
7	2 2 2
8	8 1 1
9	1 3 2 1 1
10	1 4 2 1 2
11	4 7 1 1
12	5 6 2 1
13	5 4 1 1
14	5 3 2 1
15	7 5 1
16	5 6 1
17	4 4 1
18	2 1 2 1
19	1 4 2
20	1 2 3 2
21	2 2 9
22	1 3 8
23	2 3 3 3
24	2 3 3 2
25	2 3 4 2
26	2 3 3 1
27	2 3 2 1
28	2 2 4 1
29	1 2 4 1
30	17

A36 촉촉해져라~

난이도 ★★☆☆☆

20×30

Column clues (top to bottom):

Column	Clues
1	1 2 11
2	3 2 2 11
3	3 3 2 3 11
4	3 2 2 3 11
5	3 2 1 2 11
6	2 1 2 11
7	4 11
8	3 1 11
9	1 1 3 11
10	8 12
11	1 4 2 4
12	1 1 3 7 3
13	2 2 4 2 1 2
14	2 3 1 1 2
15	2 3 1 1 2
16	2 3 1 1 2
17	2 3 1 2 2
18	2 4 7 2
19	4 5 4
20	13

Row clues (left to right):

Row	Clues
1	3
2	3
3	4
4	3
5	2
6	3 1 7
7	5 4 6
8	6 1 3
9	5 1
10	3 4 1
11	3 1 2 7
12	2 1 3 5
13	2 2 6
14	2 2 1 2
15	2 1 1
16	1 2 1
17	1 1
18	2 2
19	2 5 1
20	10 2 1 1
21	10 1 1 1
22	10 1 1 1
23	10 1 1 1
24	10 1 1 1
25	10 1 1 1
26	10 1 2 1
27	11 5 2
28	12 2
29	20
30	20

A37 젖은 채로 나가면 얼어요

난이도 ★☆☆☆☆

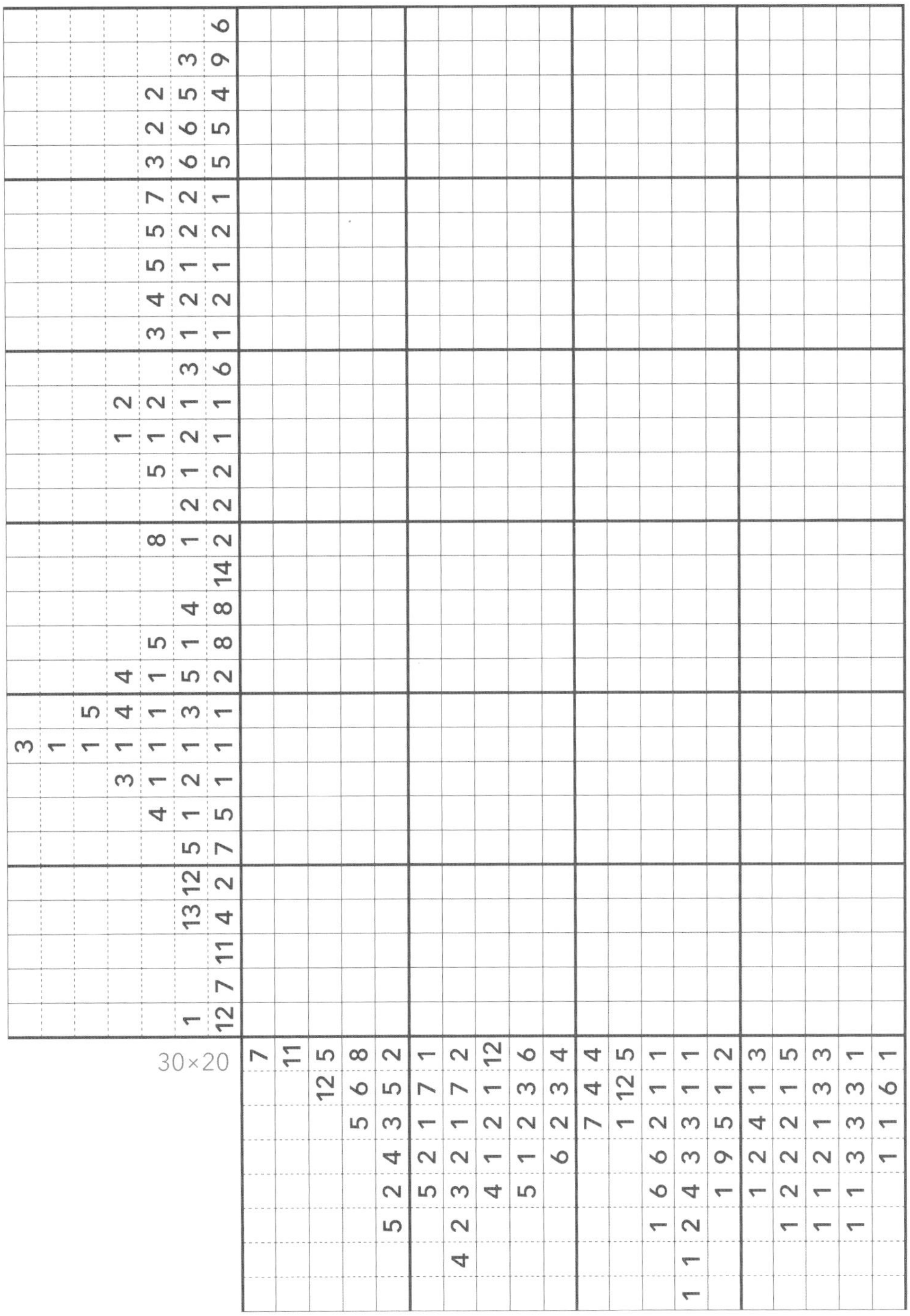

A38 첫사랑이 시작될 때쯤 자라요

난이도 ★☆☆☆☆

30×20

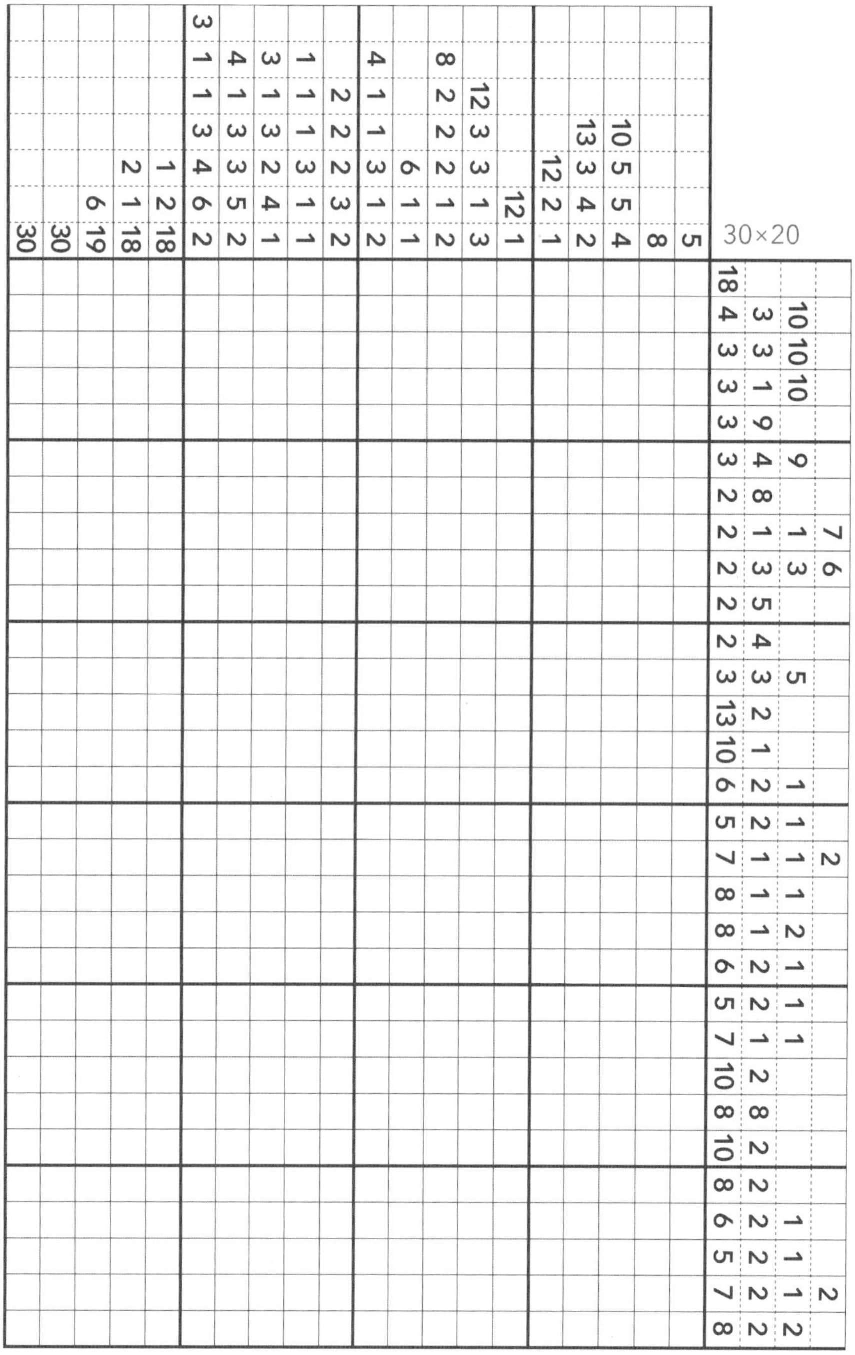

A39 긴 수염이 특징인 물고기예요

난이도 ★★☆☆☆

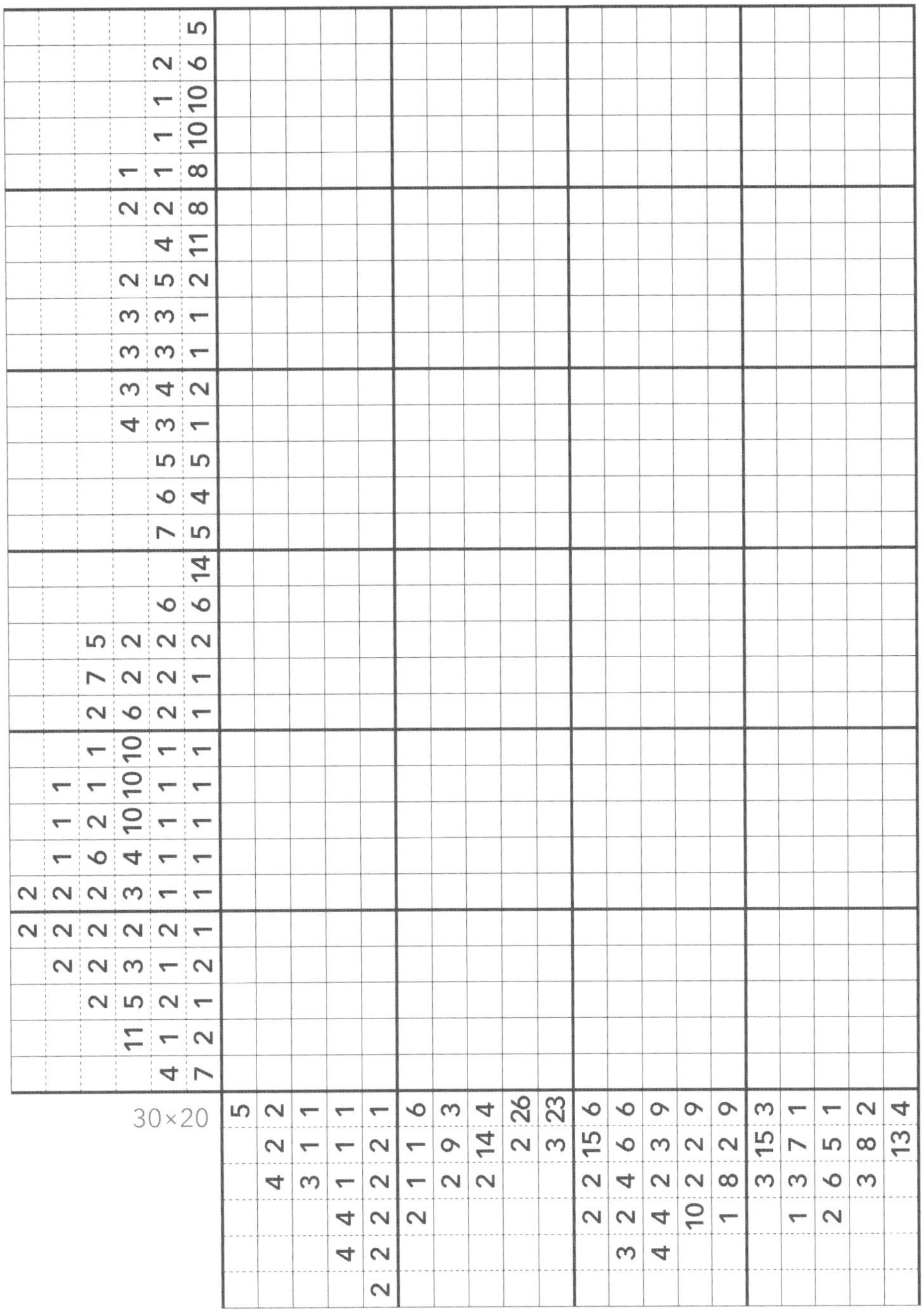

A40 많이 눌러주세요

난이도 ★★½☆☆

30×20

Column clues (left to right, top to bottom):

Column	Clue
1	7 3
2	7 4
3	7 1 3
4	7 2 2
5	2 1 1 3
6	1 2 2 2
7	1 3 1 3 3
8	1 4 2 1 1 2 2
9	1 4 3 4 3
10	1 4 3 1 2
11	1 3 3 2 2
12	1 3 1 2
13	2 3 2 3
14	9 1 3
15	8 4
16	8 3
17	7 3
18	8 3
19	6 1 3
20	6 2 2
21	6 1 3
22	7 2 3
23	7 1 3
24	7 2 3
25	8 1 2
26	8 5
27	9 3
28	9 3
29	10 3
30	13

Row clues (top to bottom):

Row	Clue
1	30
2	5 18
3	4 2 2 17
4	4 5 17
5	4 5 17
6	4 3 17
7	6 1 7 9
8	3 7 3 6
9	7 3 4
10	3 3 2
11	4 3 1
12	4 5
13	4 3 5
14	2 3 7
15	3 2 3 6
16	4 2 3 7
17	5 8
18	5 7
19	11
20	6

A41 악수하면 큰일 나요

난이도 ★★☆☆☆

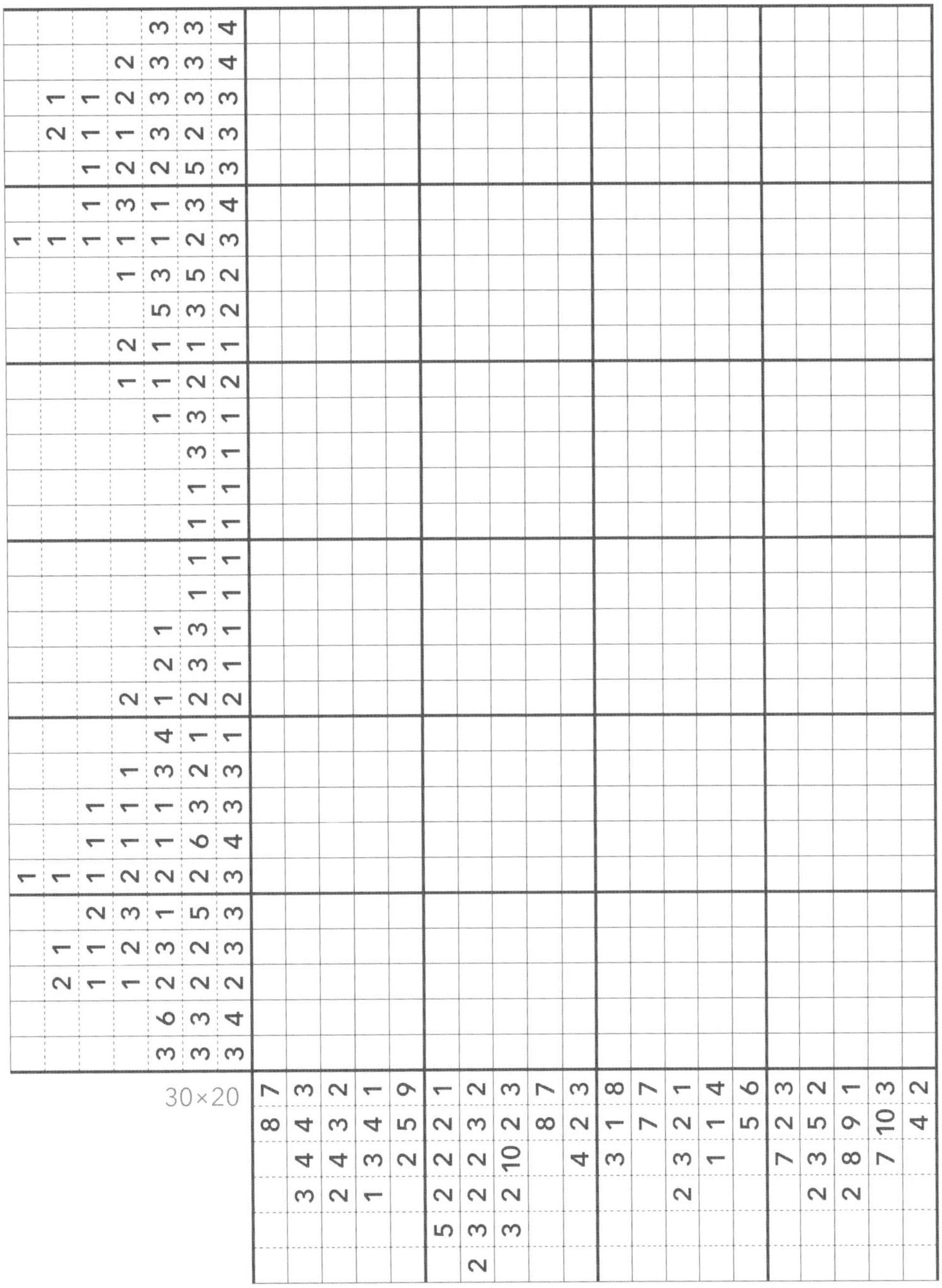

A42 처음에는 돼지의 털로 만들었대요

난이도 ★★½☆☆

30×20

Column clues (top, left to right; each read top to bottom):

											2	3							
										3	1	2	3	3					
									3	1	1	3	1	1	10				
								3	1	2	2	2	6	2	1	2	1	2	
							3	1	1	1	2	2	2	3	1	3	1	2	
						8	2	2	2	1	1	1	2	2	4	2	3	8	10
5	8	9	9	8	10	9	9	6	6	6	4	2	2	2	1	3	1	1	3

Row clues (right, top to bottom; each read left to right):

2	7		
3	10	2	
3	10	1	
3	5	1	1
4	1	1	1
3	1	1	1
3	1	1	1
4	1	1	1
3	1	1	1
6	2	1	
3	6	1	2
3	7		
4			
3			
3	3		
3	2	2	
3	4	1	
6	2	2	
4	3	1	
2	3	1	1
4	3	1	
2	2	1	1
5	3	1	
3	2	1	1
5	2	2	
3	4	1	
5	4		
3	3		
5			
4			

B43 조기를 줄에 묶어서 말려요

난이도 ★★☆☆☆ (2.5)

30×30

			1		1																						2	1	
		3	1		4	2																					1	2	
		2	1		1	1																					2	1	
		1	1	1	1	1	1	3	6	4	4		7	1	3	6	3		3						1	1	2	1	
		1	1	2	2	2	2	3	2	1	1	6	2	3	3	3	3	8	1	4	3			2	2	1	1	2	
		2	1	2	1	1	1	3	6	4	4	5	4	3	3	3	4	3	4	1	2	3		1	2	1	2	1	
3	4	1	1	2	1	1	2	3	1	1	2	7	1	3	3	1	1	2	1	5	5	1	4	3	2	1	1	2	7
3	5	1	1	2	2	2	1	2	6	5	5	3	3	4	1	7	4	4	3	3	2	3	3	1	1	2	1	3	7
3	5	2	1	2	1	1	2	3	1	1	1	1	3	7	3	1	2	1	1	2	1	4	3	2	1	2	2	1	8

				1	2	1
				1	1	1
					9	4
			4	7	1	3
	3	2	7	1	5	3
	4	2	6	1	10	1
2	1	1	1	1	5	2
2	2	1	2	1	1	3
3	2	2	1	2	5	1
	6	1	2	5	3	1
				6	2	3
						5
					9	3
		4	4	3	3	3
2	2	4	2	5	3	1
		4	2	6	10	2
	2	1	2	1	6	3
	2	2	1	2	6	1
3	2	2	2	4	3	1
					15	3
					1	1
						7
			8	1	3	2
		4	4	2	5	4
	2	2	3	1	11	1
	4	2	4	1	8	2
2	1	1	1	1	3	3
	2	2	5	3	3	2
	3	2	3	4	2	1
					14	3

B44 에스키모가 바다에서 타던 것이 발전했대요

난이도 ★★☆☆☆ (2.5 of 5 stars: two full, one half, two empty)

30×30

Column clues (left to right, top to bottom):

Column	Clues
1	5 1 1 2
2	5 1 1 7 1
3	5 2 2 1 4
4	4 2 2 2 3
5	4 2 2 3 2
6	4 2 2 3 2
7	2 4 2 1 4 2
8	3 3 1 6 2
9	2 1 3 1 4 3 2
10	1 1 3 1 1 1 3 2
11	1 1 3 4 1 1 2
12	1 1 2 2 1 2 1 2
13	2 1 1 2 2 1 1 1 2
14	3 2 1 2 2 1 1 2
15	2 6 1 6 1 2
16	3 1 4 2 1 2
17	1 1 1 2 3 2
18	1 1 1 1 4 2 2
19	1 2 3 1 1 2 2
20	1 2 3 6 3
21	1 2 5 3 3 1 1
22	3 8 1 4 2 1 1
23	1 1 1 1 2 8 1
24	1 1 1 2 7 4 1
25	1 1 2 4 5
26	1 1 2 4 1 4
27	3 3 4 2 4
28	2 3 3 3 1 4
29	4 3 4 1 3
30	4 7 2 1 2

Row clues (top to bottom):

Row	Clues
1	5 6
2	2 3 2 2
3	2 2 7
4	8
5	6
6	2 2
7	3 7 1
8	7 2 6 2
9	11 2 1 3 4
10	13 1 2 7
11	16 11
12	7
13	8 3 2 2
14	7 2 4 2 2
15	3 1 1 4
16	5 4 1 2 2 7
17	6 1 1 2 5 5 1
18	8 1 1 5 1
19	3 1 9 1
20	5 5 5 2
21	12 9 2
22	2 6 4 3 4
23	1 10 8
24	1 3
25	1 5 3
26	1 3 3
27	2 4 4
28	2 10 4
29	14 4
30	11 4 3

B45 다른 식물을 타고 올라가면서 자라요

난이도 ★★★☆☆

30×30

Column clues (top to bottom):

Column	Clues
1	5
2	2 2
3	2 3
4	2 4
5	2 5 4
6	2 5 3 3
7	2 4 2 3
8	2 4 7
9	4 2 4
10	5 2 3 5
11	3 2 3 2
12	5 3 5 1 1
13	5 1 2 7 1 2
14	4 4 3 3 4 3
15	4 4 3 6
16	8 1 13
17	6 3 16
18	15 8
19	13 3 5
20	13 2 2 3
21	6 5 1 3 4 2
22	3 3 3 5 3 2 1
23	3 3 2 5 4 2
24	2 2 5 4 3
25	4 6
26	4 7
27	3 5
28	4
29	3
30	3

Row clues (left to right):

Row	Clues
1	5 5
2	13
3	13
4	4 10
5	5 2 8
6	2 2 1 11
7	2 6 3 3 3
8	2 7 4 4
9	1 9 2 7
10	8 3 8
11	6 2 6
12	1 2 4
13	2 3 3
14	1 2 6
15	2 2 8
16	4 1 2 10
17	8 3 3 3
18	3 3 2 3 1
19	2 7 2 2
20	1 8 2 2
21	9 2 2 2 2
22	5 2 4 6
23	1 2 4 7
24	5 2 5
25	11 4
26	2 5 2 3
27	1 9 2 1
28	1 9 2
29	1 9 1
30	1 1

B46 기억력이 3초라니 억울해요!

난이도 ★★★☆☆

30×30

Column clues (columns 1–30, read top to bottom):

Column	Clues
1	30
2	2 10 8
3	2 6 2 5
4	1 3 3 3 2 4
5	1 1 2 9 3
6	1 3 5 6 2
7	1 1 1 3 2 3 2
8	1 1 1 1 3 3 1
9	2 1 1 3 6 2 2 1
10	3 1 1 7 5 1
11	3 1 1 4 5 1
12	2 1 1 2 4 1
13	2 1 1 2 2 3 1
14	1 1 1 2 2 1
15	1 1 1 4 1 1
16	1 1 1 1 2 2 1
17	2 1 1 1 1 1 1
18	2 1 1 2 5 3 1
19	3 1 1 3 1 1 1 2 1
20	3 1 1 1 1 3 2 1 1
21	2 1 1 4 2 2 3 1
22	2 1 1 2 1 1 1
23	1 1 1 1 3 2 2
24	1 1 1 3 2 4 2
25	1 3 2 3 3 2
26	1 1 2 3 1 3
27	1 4 2 4 4
28	2 6 7 5
29	2 10 4 7
30	30

Row clues (rows 1–30, read left to right):

Row	Clues
1	30
2	3 5 6 3
3	1 2 2 1
4	1 1
5	2 2
6	3 13 4
7	4 4 3 4
8	6 6
9	4 4 4 4
10	3 12 3
11	3 4 3
12	2 4 2 2
13	2 2 2 1 1 2
14	2 4 5 1 2
15	1 3 3 2 3 1
16	1 5 2 2 2 1
17	1 2 2 3 4 1 3 1
18	1 3 2 2 2 3 4 1
19	1 3 3 1 1 2 1 4
20	1 2 2 1 4 1 1 3
21	1 3 3 2 2 2 1 3
22	1 3 3 3 4 5
23	2 3 2 6 1 2 1
24	2 3 3 1 1 1 4
25	2 4 4 2 1 1 1 2
26	3 4 3 1 1 2 3
27	4 3 2 2 4
28	5 2 2 5
29	7 8
30	30

B47 암컷을 유혹할 때 목도리를 펼쳐요

난이도 ★★★☆☆

30×30

Column clues (top to bottom):

Column	Clues
1	1 5
2	2 8
3	3 10
4	6 6
5	5 3 2
6	2 2 1 4
7	3 3 3
8	8 2 3
9	3 2 3 3 2 2
10	2 1 1 1 6 1
11	2 1 2 2 6
12	2 1 1 4 6 2
13	4 1 2 2 8 2
14	1 1 1 2 2 13
15	2 2 3 3 8 2
16	1 9 8 2
17	1 9 2 4 4
18	1 2 6 8 1
19	2 1 2 4 8
20	5 3 2 10
21	4 1 2 12
22	2 2 13
23	1 1 4 8
24	2 1 8 4 2
25	4 8 2 4 2
26	1 11 2 1 3 2
27	2 5 2 1 1 2 2
28	1 3 2 2 3 4
29	3 2 2 3 2 1
30	13

Row clues (left to right):

Row	Clues
1	5
2	3 2 3
3	2 3 2 3
4	3 6 1
5	2 5 3 2 2
6	2 4 2 1 1
7	2 1 3 5 3
8	5 10 4 6
9	4 1 3 2 5 1
10	3 1 6 2 4 1
11	3 1 4 4 2 5 1
12	4 4 6 9
13	3 2 13 2
14	3 1 3 2 7 1
15	3 2 2 2 4 3 1
16	4 1 2 2 3 2 3
17	5 4 1 4 2 2
18	7 5 6 4
19	9 13 1
20	2 22
21	2 17
22	3 14 2
23	1 7 6 1
24	2 7 4 2 4
25	1 2 5 3 2 3
26	3 1 2 2 1
27	5 1 1 4
28	1 1 3 1 1
29	7
30	1 1 1

B48 수영할 때 필수품

난이도 ★★★☆☆

30×30

세로 힌트 (열)

열	힌트
1	5 3 5 3
2	5 2 6 4
3	5 2 5 4
4	5 1 6 5
5	5 4 7 5
6	5 2 8 4
7	12 7 5
8	6 1 2 1 3 8
9	4 2 3 2 10
10	3 1 5 2 8
11	2 1 3 1 1 4
12	2 1 2 1 2 3
13	1 1 4 2 3
14	1 1 3 2 2 5
15	1 1 2 1 1 2
16	1 1 2 1 1
17	1 2 2 1 2
18	1 1 2 1 1
19	1 1 2 2 2
20	1 2 3 1
21	1 1 3
22	2 2 2
23	2 4
24	3 6 5
25	4 3 7 1
26	6 1 6 2 2
27	8 10 6
28	5 7 6 7
29	5 5 7
30	5 4 7

가로 힌트 (행)

행	힌트
1	30
2	12 9
3	10 7
4	9 6
5	8 5
6	2 2
7	1 1
8	1 9 2
9	3 4 1
10	1 3 1
11	4 5 2 1
12	6 7 2 1
13	1 6 6 1
14	1 4 6 2
15	2 3 2 3 2 1
16	5 6 4
17	7 1 4
18	3 3 1 4
19	1 5 3 5
20	7 7
21	9 5 6
22	7 1 3 5 1
23	5 3 2 4 2
24	4 5 3 3 3
25	2 13 1 4
26	12 6
27	13 5
28	10 1 4
29	5 3 1 4
30	4 3 4

B49 집중하고 쏴요

난이도 ★★★☆☆

30×30

								1	1	1																			
							4	2	2	2	1																		
				3			3	1	3	1	2	1		1	2														
	2		2	3			2	1	1	2	1	2		4	2		2	2	2	2	3	4		6					
	3		3	1	4	3	1	1	1	1	3	3		1	1	2	2	2	2	2	1	1	3	2					
2	2		1	1	5	6	4	4	5	4	5	9	3	1	2	3	1	1	1	1	1	1	5	1		4			
6	2	8	5	6	8	8	1	1	1	1	1	1	6	7	2	3	2	2	2	2	3	4	5	7	18	4	4	2	2
3	6	12	4	4	3	2	1	2	2	1	1	4	16	5	1	1	1	1	1	1	1	1	1	1	1	1	1	1	1

			2	2
		3	6	2
		4	1	4
	2	9	2	3
	2	12	2	2
1	1	1	2	2
	3	11	2	2
3	3	1	5	2
3	3	1	4	2
2	2	1	2	2
		7	4	2
		2	11	2
		1	1	14
1	1	6	3	3
1	4	1	1	1
		1	11	5
2	2	4	5	2
	2	3	9	2
		5	8	2
	10	2	2	2
	9	2	2	2
	8	2	2	2
		13	2	2
	1	1	2	2
			13	4
		6	3	4
		6	3	2
		5	3	2
		3	2	2
		1	3	17

B50 + B51 내 마음을 받아 줘~

30×30

Column clues (top to bottom, columns 1–30):

1	2	3	4	5	6	7	8	9	10	11	12	13	14	15	16	17	18	19	20	21	22	23	24	25	26	27	28	29	30
		1																											
		2	1			1	1	2	4	7																			
	2	2	2	3	2	2	2	3	2	3	11	11											3						
4	4	2	2	4	3	4	1	4	2	2	3	4	14	14		7	6	8			5	4	2		2				
4	2	1	2	2	3	2	2	2	2	1	2	4	6	2	14	4	3	3	10	8	1	2	1	6	1				
2	3	3	3	4	4	6	6	2	3	1	8	1	1	2	3	2	3	2	2	3	2	1	2	3	3	3			
3	3	3	8	2	1	1	7	2	2	1	1	3	2	1	1	2	1	2	2	2	2	4	4	8	3	3	3	3	3

Row clues (left to right, rows 1–30):

						11
						14
						15
					13	2
					12	1
					11	2
			4	7	3	4
			5	8	3	1
	2	1	2	7	1	2
1	3	2	7	1	1	1
	1	2	1	2	6	4
			2	4	7	1
			6	2	6	2
				4	2	15
		2	1	2	3	3
			1	4	4	2
		1	2	5	2	2
	2	5	2	1	1	1
	4	2	2	1	2	1
		1	3	3	1	2
		2	2	6	2	1
		3	5	3	2	1
		7	2	2	1	2
		7	1	1	2	1
			1	10	1	1
		1	3	1	2	1
		1	1	1	2	1
		4	1	2	2	6
		5	3	2	3	6
					17	6

\+

난이도 ★★★☆☆

30×30

Column clues (left to right, top to bottom):

Col	Clue
1	4
2	4
3	4
4	4
5	4
6	4
7	4
8	8 7 4
9	16 4 4
10	4 2 3 2 6
11	4 6 1 4
12	3 2 2 2 3
13	2 11 1
14	3 1 2 2 3 2
15	3 2 1 1 5
16	4 2 2 2 3
17	4 1 3 1 2
18	5 4 1
19	7 2 3 1
20	10 2 2 2 1
21	8 5 3 1
22	7 5 2
23	14 2
24	13 3
25	12 2
26	10
27	16
28	10 4
29	7 4
30	4

Row clues (top to bottom):

Row	Clue
1	12
2	15
3	4 11
4	4 9
5	3 8
6	2 7
7	4 4 7
8	5 2 2 3
9	2 2 1 4
10	2 1 1 4
11	2 3 5
12	8 7
13	2 2 2 8
14	2 1 3 6
15	1 1 2 7
16	2 1 1 2 4
17	3 3 5 3
18	1 7 1 4
19	1 1 2 3
20	1 1 2 3
21	1 2 1 3
22	2 1 1 3
23	1 2 1 3
24	1 1 2 3
25	2 2 1 2
26	1 2 2 1
27	11 4 2 4
28	14 6 4
29	12 4
30	12 4

B52 얼쑤~!

난이도 ★★★☆☆

30×30

Column	Clues
1	7 1
2	2 3 2 1 2
3	2 2 7
4	1 2 6
5	4 1 1 6
6	11 5 5
7	12 2 4
8	5 5 1 4
9	6 7 4 3
10	3 6 10
11	3 2 1 8 1 5
12	2 2 2 1 7 1 5
13	2 2 1 2 3 2 6
14	2 2 1 3 2 8
15	2 2 5 2 9
16	3 2 2 1 9
17	8 1 9
18	2 14
19	2 2 7
20	2 2 6
21	2 1 5
22	3 1 1 3
23	2 1 1 2
24	2 2 1
25	1 1 1
26	6 2 1
27	4 2 2 2 1
28	7 2 2 1
29	11 5 1
30	7 5 1

Row	Clues
1	9 2
2	11 2
3	6 2 2
4	4 1 3
5	4 2 3 3
6	2 1 2 3 3
7	2 1 1 3
8	5 3 1 3
9	2 5 2 2 3
10	9 2 3
11	11 2 2
12	5 1 1 1
13	4 3 5 2 1
14	2 4 2 2 2 1
15	2 5 2 3 2
16	1 3 2 2 4
17	2 1 3 1 3 3
18	1 1 6 1 1 1
19	1 1 7 1 1 2
20	1 3 5 1 2
21	1 5 2 2
22	1 5 6 3
23	2 1 6 5
24	2 1 6
25	3 2 8
26	6 22
27	7 11
28	6 12
29	7 13
30	7 13

B53 철저히 소독해요

난이도 ★★★☆☆

30×30

Column clues (left to right, top to bottom):

Column	Clues
1	4 12 1
2	4 2 1 1 2 3 1
3	4 1 1 1 1 5
4	3 2 1 1 1 6
5	3 1 2 2 2 7
6	8 15 5
7	3 4 4 1 2
8	2 2 2 1 1
9	1 2 4 2 1
10	1 7 1 4 1 2 1
11	1 2 3 4 1 3 1
12	1 1 2 1 3 2 1 1 1
13	1 2 1 1 2 1 1 1
14	1 1 2 1 8 4 1
15	3 2 2 1 1 5
16	8 9 4
17	4 1 2 1 2 4
18	2 1 3 2 2 2 4
19	2 2 1 1 3 6 2
20	2 1 7 1
21	2 2 1 2
22	1 3 2 2
23	1 6 3 2
24	3 3 3
25	3 3 2 3
26	3 3 3 3
27	2 3 4 4
28	3 5 4
29	6 5
30	2 4 5 5

Row clues (top to bottom):

Row	Clues
1	23 4
2	8 7 6
3	7 7 3 3
4	3 1 4 3 3 1
5	1 1 2 3 1 1
6	1 1 1 3 5 1 2
7	1 5 1 2 3 2 1
8	4 2 4 1 1 1
9	3 9 3 2 2 1 1
10	2 5 3 1 1
11	1 3 3 1 1
12	6 3 1 1
13	1 1 5 1 1 1 1
14	1 1 5 1 1 2 1
15	1 1 2 1 1 2 1 1
16	1 1 3 1 1 1 2 1 1
17	1 1 2 1 1 2 1 1 1
18	1 2 2 1 3 1 1
19	10 3 2
20	1 4 3 2 1
21	2 3 4 2 1
22	6 2
23	1 4 1
24	2 1 1 1
25	2 2 1 1
26	5 2 2 1 2
27	8 5 4
28	5 4 7
29	5 5 10
30	30

B54 5단까지 도전해요

난이도 ★★★☆☆

30×30

Column clues (top to bottom):

Col	Clues
1	8 17
2	7 2 16
3	7 2 2 11
4	7 2 1 2 2 6
5	8 2 2 1 5
6	5 7 2 1 5
7	2 1 5 3 4
8	1 2 9 2
9	2 3 8 1
10	3 3 7
11	3 2 5
12	5 3 4
13	1 3 3 3
14	1 2 3
15	2 2 2 3
16	2 2 5
17	3 2 1 3
18	3 2 1 3
19	4 2 5
20	6 1 3
21	1 3 3 3
22	2 3 5 5
23	2 1 1 3 1 3
24	5 1 3 1 3
25	7 5 5
26	9 3 3
27	11
28	13
29	16
30	19

Row clues (left to right):

Row	Clues
1	4 4
2	2 4 2
3	6 3 2 3
4	6 2 4 9
5	8 2 4 8
6	6 2 1 3 7
7	5 1 2 2 7
8	5 2 2 2 7
9	6 1 2 1 6
10	1 2 2 2 2 6
11	3 1 2 2 1 5
12	3 2 2 2 2 5
13	2 2 2 4
14	1 4 2 4 4
15	8 2 2 2 3
16	3 3 2 6 3
17	2 3 2 4 6 2
18	2 3 3 2 2 4 2
19	2 3 6 2
20	3 5 6 4 1
21	11 4 2 2 1
22	4 6 6 1
23	3 4 6
24	3 4 4
25	4 2
26	6 1
27	7
28	7
29	8
30	9

B55 주문하신 메뉴 나왔습니다~

난이도 ★★★☆☆

30×30

Column clues (top to bottom, columns 1–30):

Column	Clues
1	2 1 2
2	5 1 2
3	2 5 1 1
4	3 2 2 1 1
5	3 2 1 1 2
6	1 1 2 2 1 2
7	2 3 1 2 1 2
8	7 1 1 2
9	4 2 1 1 2 3
10	1 3 3 1 1 1 1 1
11	1 8 2 1 1 1 1
12	1 3 3 2 1 2 1 1
13	4 4 1 1 2 1
14	3 2 3 1
15	4 1 1 1
16	8 7 1
17	4 2 13 1
18	3 2 4 15
19	2 1 1 5 10
20	3 3 1 3 5 1
21	4 2 1 1 3 1
22	6 1 1 3 4 5
23	5 2 3 9 1
24	4 2 2 7 1
25	6 5 8 1
26	5 2 10 1
27	7 6 1 3
28	5 1 7
29	3 8
30	9

Row clues (left to right, rows 1–30):

Row	Clues
1	10
2	12
3	4 9
4	3 8
5	5 2 2 2 4
6	1 1 2 1 1 1 2
7	5 1 1 2
8	3 5 1 4 3
9	3 1 3 2 2 3
10	7 1 2 3
11	1 1 1 6 1
12	2 2 3 2 4
13	14 5 3 4
14	17 5 3 1
15	1 1 2 2 2 2 3 2
16	2 7 3 4 1
17	3 2 4 5 1
18	2 4 4 1
19	2 7 5 1
20	6 10 1
21	12 1
22	8 1 1
23	9 4 1 3
24	4 3 1 2
25	3 3 2 2
26	1 5 2
27	2 1 1 3
28	5 1 1 1 1
29	9 1 6 1
30	2 14 1

B56 배가 너무 아파요

난이도 ★★★☆☆

30×30

Column clues (left to right, top to bottom):

Column	Clues
1	5 2 1
2	9 2 1 1
3	11 3 2 1
4	8 3 2 2 1
5	8 1 2 2 2 1
6	7 3 2 2 2 1
7	8 2 1 3 3 1
8	7 1 2 1 1
9	6 1 3 1 2 1
10	5 2 2 1 3 1 1 1
11	5 3 2 2 2 1 3
12	5 1 1 1 2 2 1 1
13	6 2 2 7 1
14	7 2 2 6 1
15	7 3 8 1
16	5 3 10 1
17	4 1 1 10
18	4 2 3 3
19	1 1 1 2 5 1
20	1 2 2 1 5 1
21	1 15 1
22	2 2 9 1
23	2 9 1
24	2 13
25	3 9 1
26	12 1
27	7 1
28	4 1
29	1
30	1

Row clues (top to bottom):

Row	Clues
1	8
2	13
3	15
4	16
5	16
6	9 6
7	8 2 1
8	7 1 1 5
9	5 2 3 2
10	3 3 1 2
11	2 3 2 2
12	3 2 2 1 2 1
13	2 1 2 2 2 2
14	2 2 2 2 1
15	2 3 2 1
16	6 2 1
17	1 1 4 3
18	2 2 3 1 5
19	1 2 1 8
20	3 2 2 3 8
21	8 2 14
22	3 4 8 7
23	6 8
24	3 5 8
25	3 5 7
26	6 5 6
27	5 5 6
28	3 3 1
29	1 2 1
30	30

B57 멋지게 수염을 다듬어요

난이도 ★★★☆☆

30×30

Column clues (top to bottom):

Column	Clues
1	14
2	13
3	10
4	7
5	4
6	7
7	8 3
8	9 2 5
9	8 1 2 1 3
10	10 1 1 1 4
11	12 1 1 1 4
12	8 11
13	6 1 3
14	5 1 3 2
15	5 1 2 2 5
16	4 1 3 2 3
17	3 1 3 1 3 5
18	3 1 1 1 2 3 2
19	3 1 2 1 1 2 2
20	3 1 1 1 1 2 1
21	3 1 2 1 2 1 1
22	4 3 1 2 1 2 2
23	3 1 4 1 2 2 1 1
24	7 3 5 2
25	8 1 7 2
26	4 14 2
27	16
28	12
29	14
30	18

Row clues (left to right):

Row	Clues
1	11
2	12
3	16
4	9 4
5	9 4
6	7 3
7	7 5 4
8	7 3
9	6 4 4
10	6 3 1 2 1
11	3 2 3 2 2
12	6 2 1
13	2 2 4 7
14	5 2 1 2 5 5
15	5 8 5
16	5 1 3 5
17	4 4 4 6
18	4 2 6
19	4 5 7
20	4 4 2 8
21	3 2 5 11
22	3 3 3 7
23	3 4 3 7
24	2 4 2 4 5
25	2 3 1 2 1 2
26	2 1 3 4 1 2
27	1 1 1 2 4 1
28	2 2 3 2 1
29	1 3 2 1
30	1 1 3 1

B58 + B59 잔잔한 호수에 돌을 던져요

30×30

열	단서
1	3 4 5
2	5 5 5
3	2 3 7 2
4	2 2 2 2 2 1
5	1 1 2 2 1 2 4
6	1 2 2 2 3 2 6
7	1 2 2 1 4 2 1 3
8	2 2 2 1 2 1 2 2 1 1
9	3 2 2 1 1 1 2 1 4 1
10	2 1 4 4 1 2 2 2
11	2 2 7 2 2 1 1 2
12	1 2 4 4 2 1 2 2
13	2 5 1 2 2 1 3 2
14	2 4 2 5 1 3 2
15	2 2 2 2 3 1 1 1 2
16	1 4 2 9 2
17	1 2 3 3 2 7 2
18	4 2 5 3 1 2
19	3 1 2 2 3 5 2
20	4 2 2 2 2 2
21	3 2 3 3 1
22	3 2 4 4 2
23	2 1 2 4 2 4
24	4 2 6 2 1 3 1
25	1 4 6 2 1 2
26	1 2 7 2 3 2
27	3 7 3 5
28	1 1 7 2 3 1
29	1 1 7 2 2
30	3 7 1 2 3

행	단서
1	7 7
2	6 3 2 1 1
3	3 8 4
4	2 3 3 2
5	8 2 5 2
6	3 3 3 3
7	3 4 3 10
8	2 6 3 7
9	3 2 3
10	13 7
11	10 10
12	2 12
13	11 11
14	4 2 4 9
15	4 6 3 7
16	3 3 1 3 3 5
17	3 3 4 2
18	3 7 2 3 1
19	3 5
20	14 4
21	9 2 8
22	2 7
23	2 10
24	3 3 7 3
25	2 2 7 2 2
26	2 3 2 4 2 2 2 3
27	2 3 2 9 2 2
28	2 3 3 3 2 1
29	3 2 13 3 2
30	4 3 9 3 3

30×30

1	2	3	4	5	6	7	8	9	10	11	12	13	14	15	16	17	18	19	20	21	22	23	24	25	26	27	28	29	30
				3																									
			5	1	3		6	4	6	7							1	1	1	1									
		6	2	2	1	4	2	4	1	2	2	2	1	2	1	2	1	1	1	1	4	1	1						
4	4	4	3	3	2	1	6	2	2	2	5	1	2	5	2	4	1	2	2	2	2	1	2	3	2				
2	2	2	1	2	2	2	2	2	1	8	9	12	2	2	6	4	4	4	7	9	9	12	5	4	4	5	1	1	
1	1	1	1	2	2	2	2	3	1	1	1	1	11	3	3	3	4	4	4	4	4	4	4	5	5	5	7	5	10

7	10			
9	3	1	2	
9	3	1	2	
2	7	6		
3	1	3	2	
1	1	2	2	
2	1	2		
2	2	1	3	
6	2			
1	2			
3	2	2		
6	1	1	2	
6	1	4	1	
5	1	2	2	3
1	1	1	6	
2	12			
2	11			
2	1	9		
5	3	2	5	
9	3	1	8	
3	6	11		
5	7	1		
4	5	1		
4	2	1		
4	1	1		
4	6			
4	13			
3	17			
5	17			
30				

B60 홍어와 닮았어요

난이도 ★★★☆☆

30×30

	3	3																									2		
	1	1																									2	2	
3	5	2						1	2	2				2	1	1										4	3	2	2
17	5	3	5	4	3		2	2	2	2	1	1	1	1	2	2	2	1	1	2					4	2	2	4	2
1	1	1	4	3	2	3	4	1	1	1	2	1	2	1	2	2	1	1	3	2	3	2	5	6	2	4	2	3	9
4	4	4	4	4	3	5	1	1	2	2	3	7	4	3	7	3	2	3	3	5	6	5	6	6	6	3	3	2	2

			4
	5	4	2
8	6	1	3
		11	9
	4	2	5
4	3	1	7
	1	2	7
1	2	2	2
	2	4	2
	2	4	5
		3	4
		3	3
		2	2
		1	1
		1	1
		1	1
		1	1
		2	2
		2	1
		3	2
	4	1	2
	5	2	1
	3	2	5
9	1	1	7
2	2	1	6
8	3	1	10
10	2	1	12
		7	17
		5	13
			10

B61 엄지를 척! 들어요

난이도 ★★★☆☆

35×35

Column clues (top to bottom):

Column	Clues
1	2 11
2	4 4 2 3
3	8 3 2 2
4	1 4 5 1 1
5	4 1 3 7
6	6 2 1
7	1 4 3 1
8	1 4 1 2
9	1 1 3 1 1
10	7 1 1
11	6 1 1
12	3 2 1 1
13	6 3 1 1
14	1 4 2 2 1 3
15	3 1 2 3 3
16	3 1 2 2 3
17	10 2 2 3
18	5 2 2 1 6 3
19	2 2 3 1 16
20	2 2 1 5 5
21	2 2 1 1 1 2 4
22	5 2 1 1 4
23	5 2 2 4
24	6 2 1 4 4
25	9 10 6
26	14 10 3
27	3 5 1 3 1 3
28	5 1 2 1 3
29	1 4 1 2 1 5
30	2 3 1 2 13
31	3 8 8 1 6
32	2 1 1 1 4
33	3 1 2 1 2
34	4 9 2 4
35	3 3 13

Row clues (left to right):

Row	Clues
1	4 5 3
2	3 1 2 2 3
3	4 7 3 1 3
4	5 10 3 1
5	1 3 2 5 4 1
6	4 13 3 2
7	3 14 1 2
8	3 3 4 1 1
9	2 6 3 2 3 1 1
10	1 1 4 3 1 3 1 1
11	1 11 1 1 2 1 1
12	1 2 3 5 1 2 9 1
13	11 2 2 2 1 3
14	16 6 4 2
15	2 2 2 1 6 1
16	5 5 4 1
17	2 5 2 1 3
18	2 2 3 2 1 2
19	3 2 2 2 1 1
20	3 1 2 2 2 1 1
21	2 1 7 2 3 1 1
22	1 1 2 2 2 1 1
23	2 1 2 3 2 2 1
24	6 3 1 6 1
25	9 2 1 1 1
26	2 1 1 2
27	3 1 5
28	1 1 1 1 1
29	2 1 1 1 2
30	1 1 2 4
31	2 2 1 3
32	1 6 4
33	2 13
34	1 13
35	2 13

B62 발레를 할 때 신어요

난이도 ★★★☆☆

35×35

Column clues (left to right, top to bottom)

Column	Clues
1	4
2	3 2
3	3 1
4	3 1
5	3 1
6	7 1 1
7	8 1 2
8	3 2 2 2
9	4 8 2 2
10	2 1 2 6 2
11	1 2 2 5 2 2
12	1 2 1 3 6 2 1
13	1 1 4 3 3 1
14	2 1 1 4 4 3 2
15	1 1 6 2 3 2
16	1 1 5 2 3 2
17	6 2 4 3
18	1 7 9 3
19	5 2 2 11 4
20	1 1 2 3 7 5 4
21	1 1 3 4 10 3 5
22	2 1 1 1 2 3 2 7
23	1 2 1 1 13 6
24	1 2 4 2 4 2 4
25	1 2 4 2 4 1 3
26	2 2 5 2 3 2 3
27	3 9 2 1 2
28	9 1 1 2
29	4 2 2
30	5 1
31	2 1
32	1 1
33	2 2
34	5 3
35	11

Row clues (top to bottom)

Row	Clues
1	5 5
2	2 3 4 2
3	1 3 1
4	1 4 4 2
5	4 1 1 4
6	15
7	4 2
8	5 2
9	3 3 2
10	3 1 3 2
11	5 1 7
12	2 2 2 1 3
13	2 2 4 3
14	1 5 1 1 2
15	2 2 3 3 2 3
16	3 1 1 6 2 2
17	3 4 5 3 2
18	2 1 3 4 1 4
19	2 2 2 5 2 3
20	5 1 3 1 3 2
21	3 1 1 4 1 3 2
22	2 3 4 1 4 1
23	2 2 2 4 1 2 2
24	2 2 1 3 1 2 2
25	1 2 2 5 5 2
26	5 1 1 2 7
27	1 2 2 2 1 3
28	2 1 1 3 2 2
29	1 2 2 4 2
30	2 2 2 1
31	1 2 3 1
32	2 2 6 1
33	1 2 10 2
34	2 2 16 3
35	7 24

B63 과일 주스를 만들어볼까요?

난이도 ★★★☆☆

35×35

세로 (열)

열	숫자
1	4
2	2 4 6
3	8 7 2
4	3 7 4 2
5	4 7 1 2
6	4 5 4 1 4 2
7	5 2 7 3 2 2 2
8	1 3 1 3 2 2 3 2 1 1
9	1 3 1 3 4 1 3 4 1 1
10	1 3 2 3 2 1 3 2 2 1
11	1 3 6 4 3 6 1
12	1 3 2 2 2 1 3 4 1
13	1 3 2 1 3 1 3 1 1 2
14	1 3 1 6 2 3 1 2
15	5 1 5 3 3 2
16	4 5 3 2
17	4 8 2
18	3 7 1 3 3
19	6 2 2 4 3
20	3 2 2 2 7 3
21	1 6 2 4 3
22	1 3 2 4 3
23	6 3 4 5
24	20 2 3
25	2 1 1 2 1 5
26	5 2 2 2 7 2 1 5
27	5 2 1 1 2 3 7
28	1 2 1 1 1 9 6
29	1 2 1 1 1 9 4
30	1 2 1 1 1 9
31	1 2 1 1 1 9 3
32	1 2 2 2 11 2 2
33	1 2 1 1 6 2 1 3
34	1 2 14 5
35	1 2 4 3

가로 (행)

행	숫자
1	9 1 2
2	4 4 1 2
3	19 1 2
4	19 1 2
5	1 13 5 10
6	1 1 2
7	1 4 4 3 12
8	1 2 4 1 5 12
9	1 1 2 2 1 1 2 1
10	2 1 2 1 2 1 2 1
11	1 1 2 1 3 1 1 2 7
12	1 2 6 1 2 4 3
13	1 6 2 3 3 1
14	1 4 2 3 2 3 3
15	1 1 1 2 1 2 1 7 1
16	2 1 7 1 2 1 1
17	1 1 4 1 3 1 6 1
18	1 2 1 2 1 1 2 3
19	1 7 2 1 1 7
20	2 4 1 1 7
21	15 1 1 7
22	15 7 1 8
23	4 9 6 1 8
24	4 6 1 5 2
25	3 1 7 9
26	1 1 1 1 1 9
27	1 5 1 7
28	2 7 2
29	1 2 4 1 4
30	1 1 2 2 2 2 3
31	1 2 3 2 2 5 2 2
32	1 5 3 2 5 1 3
33	2 3 8 5
34	16 7 3
35	4 4 5

B64 앉아서 흔들흔들~

난이도 ★★★☆☆

35×35

Column clues (top to bottom):

Column	Clues
1	2
2	3
3	3
4	2
5	2 3
6	1 1 2
7	1 1 2 3
8	1 4 1 1 6
9	11 9
10	2 6 5 2
11	2 2 1 2
12	11 1 2
13	11 1 2
14	2 3 1 2
15	11 1 3 1
16	3 4 1 3 2
17	18 1 2 3
18	18 5 10
19	7 1 5 10
20	1 2 9 5 1 3 2
21	1 8 1 2 2 2 2
22	1 2 6 7 3 2
23	1 2 4 1 1 3 1 2 2
24	1 7 4 5 1 3 2
25	2 2 4 2 1 5 3
26	2 2 3 1 11 2
27	1 7 4 5 1 4 2
28	1 3 5 2 3 3 3
29	2 7 1 7 5
30	2 3 7 2 4
31	1 3 6 2
32	2 7 4
33	2 4 3
34	5 3
35	3 2

Row clues (left to right):

Row	Clues
1	9
2	2 6
3	6 5
4	11 4
5	2 1 8 2
6	2 1 1 9
7	3 1 1 1 6
8	2 1 1 1 1 3
9	2 2 2 1 1 2
10	2 2 2 2 1 2
11	2 1 1 2 2 2
12	4 3 1 2 2 1 3
13	1 10 1 1 1 2 2
14	14 1 1 2 2 2
15	2 2 1 2 1 1 1 5
16	2 2 1 2 1 1 4 1
17	3 2 1 9 3
18	2 2 1 2 5
19	2 2 1 1 7 1
20	2 2 1 6 1 2 1
21	12 3 2 1
22	14 3 5
23	1 9 3 1 3
24	3 5 1 4
25	6 6
26	2 7 3
27	3 2 4
28	3 2 7 2
29	3 2 7 3 4
30	5 3 8 3 3
31	19 5
32	12 2 5
33	3 6
34	14
35	10

B65 젖지 않게 우산을 씌워주어요

난이도 ★★★☆☆

35×35

											3	3						6																
										1	4	4	3				2	2					8											
				2	4		3			4	1	2	6				3	2					4	7	4				2			4		
5			4	6	1		8		5	1	2	4	4				1	2	6	7		7	2	1	2	11	7		4			3		
5	4	3	2	1	4	7	3	6	6	5	4	1	4	3	4	5	1	3	6	3	10	5	2	1	4	3	3	7	6	7	6	1		3
4	11	11	11	1	1	5	7	2	9	8	6	1	1	4	4	7	2	1	2	3	2	2	1	1	1	2	2	4	4	4	10	10	7	3
6	1	1	1	1	3	1	1	20	1	1	1	1	2	1	1	5	1	2	1	1	9	1	4	1	5	1	5	2	2	2	4	1	18	1

					1	1	8	1
					1	1	16	1
				1	1	7	12	1
					1	1	20	1
					1	1	14	2
					1	6	8	7
						1	8	14
						9	1	12
				1	9	1	6	2
			1	5	1	2	1	5
		1	4	1	1	1	1	1
			1	2	2	2	1	1
				1	5	2	1	1
				2	4	2	1	1
				2	1	4	1	1
			1	4	4	1	1	1
			2	10	2	1	1	3
					1	12	1	4
					1	9	1	4
	2	1	3	1	1	1	1	3
			1	1	4	3	3	3
				1	1	2	7	3
		4	2	1	1	1	2	3
			8	1	1	2	1	6
			9	1	1	1	2	7
				10	1	1	2	8
				10	1	6	3	1
			4	6	1	1	1	1
				4	5	1	1	1
			4	4	1	1	3	1
					22	3	5	2
4	4	1	1	1	1	1	1	1
	6	5	1	1	1	1	1	1
1	1	1	1	1	3	1	1	3
					6	6	1	3

B66 외출 전, 향긋한 마무리

난이도 ★★★☆☆

35×35

								3																										
							9	5	9	7	1		6	4							3	4			5									
						9	1	1	2	1	7	9	2	3						3	1	1	5		1									
				6		2	2	2	2	5	3	4	1	2	7			1		1	1	3	1	5	1	7	7		10	4				
		12	11	3	9	1	1	1	2	1	1	1	1	2	2	6		9	4	1	1	1	2	2	1	1	1	7	2	3				
	22	3	6	2	1	1	2	5	2	1	1	2	6	4	2	1	3	1	3	2	2	4	1	1	1	1	5	3	1	1	3			
23	3	3	3	5	1	2	6	1	2	1	2	2	1	2	1	1	2	1	1	3	1	1	1	1	2	1	1	2	1	2	10	13	11	4
5	2	1	1	1	1	2	1	2	1	1	2	1	2	1	5	12	15	13	12	12	11	11	11	11	11	11	12	13	13	7	3	2	2	12

						19	9
					11	6	13
						18	14
				8	8	3	11
			14	2	2	8	2
				17	1	4	3
		4	8	2	1	3	9
				10	4	1	5
		14	2	1	3	3	5
		5	2	1	1	1	4
		4	4	2	1	2	4
			3	3	4	2	5
2	2	2	5	1	4	1	4
2	1	8	2	2	2	2	3
2	1	2	2	3	2	2	4
	2	1	3	1	2	2	9
		2	1	1	2	1	1
			2	2	8	1	1
		3	1	2	2	2	1
		3	1	2	2	3	1
		3	1	5	3	1	4
	2	2	2	4	2	2	3
	1	1	1	3	3	4	6
		2	1	2	5	5	2
			1	1	3	15	1
				2	3	16	1
				1	2	16	1
				2	1	15	1
					1	17	1
				1	3	15	1
				1	4	14	1
				2	3	14	1
					6	13	1
						13	1
						13	1

B67 콩주머니를 던져요

난이도 ★★★☆☆

35×35

Column	Clues
1	1 13 5 3
2	2 8 3 10
3	2 3 11 7
4	15 3 2
5	1 6 3 3 3 3
6	2 2 8 3 2 2 1
7	2 2 12 3 3 2
8	5 8 2 3 1
9	12 3 2 3 2
10	3 4 2 2 3 1
11	1 2 1 4 1
12	2 1 3 3 2
13	1 1 7 2 2 1 1
14	2 7 2 1 3 1
15	1 6 3 1 1 1 1
16	1 2 2 5 1
17	1 2 3 1 2 1 1
18	1 2 3 1 4 1
19	1 3 2 1 1
20	1 6 2 1 1 4 1
21	7 1 1 3 1 5 2
22	5 1 1 1 5 3
23	2 6 1 6
24	4 9 6
25	5 1 1 12
26	6 5 5 8
27	6 7 4 1
28	1 24 2
29	2 3 7 1 10 2
30	1 8 2 3 8
31	2 2 2 7
32	1 4 5 1
33	2 13 2
34	2 3 4 5 6 2
35	2 10 15

Row	Clues
1	8 4 2
2	3 2 3 3 2
3	2 3 2 5 3
4	3 1 2 6 2
5	3 2 9 1
6	2 1 11 2
7	4 2 1 1 1
8	9 2 1 1 3 1
9	5 2 4 1 1 3 1
10	9 3 3 3 1
11	2 6 2 3 1 1 3 1
12	7 2 2 1 1 3 2
13	7 3 2 1 1 2 3 2
14	4 10 4 3 2 3
15	10 2 4 2 1 4
16	1 7 4 2 7
17	1 6 5 4 2 6
18	4 3 4 1 3 4
19	10 2 1 2 4 3
20	10 2 1 2 5 3
21	6 2 7 5 4
22	4 4 2 4 2 1
23	2 6 2 2 2 3 1
24	2 5 1 1 1 1 2 2 5
25	7 2 2 2 1 1 2 4
26	5 2 4 1 1 1 3 3
27	3 4 1 1 1 1 2 3 2
28	2 3 4 2 2
29	3 3 3 5 2 2
30	6 1 2 5 2 1
31	5 5 5 2 2
32	3 1 1 5 3 2
33	3 5 5 6
34	4 3 4
35	10

B68 나라를 지켜줘요

난이도 ★★★☆☆

35×35

Column clues (left to right, top to bottom)

Column	Clues
1	7 3
2	7 3 3
3	7 3 5
4	7 3 6
5	7 3 6
6	7 3 6
7	7 6 10
8	7 4 2 2 7
9	7 4 1 1 6
10	5 6 2 3 1 2 5
11	3 1 3 4 1 1 3
12	2 3 10 1 2
13	2 2 2 3 11 2
14	1 2 1 2 1 1 4 2 1
15	1 2 1 2 3 4 2 2
16	1 3 9 2 1
17	1 2 2 1 8 1
18	1 1 3 1 5 2 1
19	2 6 2 3 1 1 3
20	2 4 1 1 3 1 2
21	3 1 6 2 1 1 2
22	19 2 2 1
23	5 5 2 4 1
24	5 2 2 1
25	4 5 5 1
26	4 2 3 6 2
27	4 1 2 4 6 1 1
28	5 2 1 1 6 2 6
29	5 2 3 1 6
30	6 6 1 6
31	10 7 1 6
32	8 6 2 7
33	8 10 8
34	8 8
35	8 7

Row clues (top to bottom)

Row	Clues
1	35
2	13 17
3	11 15
4	10 3 14
5	10 3 3 8
6	9 1 6
7	17 1 3 5
8	1 2 5 2 2 2 5
9	1 1 1 5 1 1 1 1
10	1 1 2 4 2 2
11	1 3 2 5 2
12	2 3 2 3 7
13	2 6 2 4
14	3 9 2 1 3
15	5 2 2 2 4 2 4
16	9 8 2 1 3
17	10 1 3 1 3
18	9 1 2 1 3
19	2 8 2 1 1
20	1 11 2 1
21	2 9 1 1
22	6 8 2 1
23	1 2 2 3 1
24	10 6 2
25	3 4 10
26	2 2 2 2
27	1 5 10
28	1 8
29	3 2 5 8
30	8 3 1 8
31	9 2 2 8
32	11 2 10
33	9 6 4
34	8 3
35	5

B69 마법 소녀로 변신해요

난이도 ★★★☆☆

35×35

Column clues (top to bottom, columns 1–35)

Column	Clues
1	8 2 1 1
2	7 3 2 3
3	1 1 2 2 5 2 3
4	1 2 3 3 3 2 2 3
5	2 1 2 2 2 2 1 1 3
6	1 2 3 1 2 1 1 1 4
7	5 2 1 2 2 2 2 4
8	2 2 2 1 2 1 4 2 3
9	1 5 1 4 3 1 5
10	1 1 4 1 4 2 1 6
11	1 6 3 3 2 2 2 3 2
12	1 3 1 2 3 4 1 6
13	1 2 2 2 6 2 1 6
14	2 8 2 2 2 1 7
15	1 5 1 2 3 2 8
16	3 3 3 2 2 1 6
17	9 4 1 1 7 1
18	3 6 1 2 10
19	3 1 2 3 1 2 11
20	2 2 5 9 2
21	2 1 3
22	2 1 8 1
23	1 2 2 5
24	1 1 3 8
25	1 2 2 4 2 4
26	2 4 4 2 5
27	1 3 4 3 5
28	6 5 2 2 2
29	4 5 2 2 2
30	5 3 3 2
31	4 8 3 2 1
32	4 8 1 3
33	10 11 2
34	2 14 1 2
35	7 19

Row clues (left to right, rows 1–35)

Row	Clues
1	13
2	1 1 2 3
3	2 1 2 1
4	1 2 5 2 5
5	7 4 1 2 3
6	4 2 1 2 1 2 2
7	2 1 3 2 1 2 2
8	1 11 1 1 2 3
9	1 7 3 3 5 2
10	1 1 3 2 2 2 3 4
11	1 2 4 4 4 4 1
12	2 9 2 3 3 7
13	4 1 2 3 8
14	15 3 2 4 3
15	11 2 1 1 4 3
16	5 6 1 4 2
17	4 1 6 1 4 4
18	3 1 5 1 4 5
19	2 2 6 6
20	1 1 8 3 3 2
21	2 2 2 5 7
22	1 1 4 2 3 2 5
23	1 2 4 3 6 5
24	1 5 3 1 1 2 5
25	2 4 2 2 2 2 2 3
26	4 2 3 1 3 1 1
27	3 4 2 3 1 1
28	5 6 3 1 1 1
29	8 3 3 3 3 1
30	4 10 4 1 1
31	11 2 2 3
32	14 1 2 1
33	10 8 2 1
34	15 3 4
35	7 4 7 5

B70 건조할 때 한 방울 톡!

난이도 ★★★☆☆

35×35

Column clues (top to bottom):

Column	Clues
1	7 12
2	6 1 14
3	4 1 2 2 11
4	3 1 2 2 1 8
5	3 1 1 2 2 4
6	3 1 2 2 1 2
7	1 1 1 4 1 2 6
8	1 1 4 3 3 2
9	1 2 2 1 2 2
10	1 1 2 2 2 1
11	2 2 1 1 1 2 9
12	3 4 4 1 8
13	6 2 2 1 2 7
14	3 2 4 2 9
15	3 4 2 1 2 3 1 3
16	3 3 2 3 6
17	3 4 3 5
18	3 5 5 2 2
19	3 3 3 1 2 1 2
20	3 6 1 2 4
21	3 5 2 3 2
22	3 5 3
23	3 5
24	3 5
25	3 4
26	3 4 1 3
27	3 5 1 4
28	3 5 1 4 2
29	3 5 1 2 4
30	3 5 2 3 3
31	3 6 2 3
32	3 8 3 4
33	3 7 2 5
34	3 10 7
35	3 13 9

Row clues (left to right):

Row	Clues
1	35
2	6 25
3	9 24
4	3 3 1
5	2 3
6	8 3
7	1 3 1 2
8	7 1
9	5 3 6
10	2 2 2 12
11	2 2 2 14
12	3 4 15
13	3 3 2 16
14	2 3 1 5 5
15	2 3 3 4 4
16	1 2 3 4
17	2 2 2 2
18	1 2 4 2
19	2 2 2 2
20	3 3 1 5 1
21	3 7 2 1
22	2 2 4 1 3 2 1
23	1 6 2 4 1
24	2 3 2 3 5 2
25	9 3 2 2 1 1
26	8 3 2 1
27	5 1 4 3 1
28	5 1 4 2 1
29	4 1 4 2
30	4 1 8 2
31	4 3 5 3
32	4 2 2 1 1 4
33	3 2 7 8
34	3 1 7 8
35	3 1 2 7

B71 팔꿈치로 가리고 해요

난이도 ★★★☆☆

35×35

Column clues (left to right, top to bottom)

Column	Clue
1	2 3 19
2	1 2 3 2 14
3	3 3 2 1 13
4	3 2 2 2 12
5	3 2 2 1 11
6	3 2 1 1 10
7	2 1 1 9
8	8 2 7
9	11 2
10	13 1
11	7 1 4
12	6 1 1 2 1 1
13	7 1 1 1 1 2
14	6 1 1 1 1 1
15	6 1 1 3 3 1
16	6 2 2 2 1 3
17	6 1 1 10
18	5 7 9
19	5 1 1 1 2 10
20	5 2 1 1 3 2
21	4 1 1 1 3 1 3
22	5 1 1 1 1 1 3 1
23	7 1 1 1 4 2
24	6 4 1
25	11 4 1
26	8 6 2
27	21
28	13 8
29	10 5
30	7
31	2 1 6
32	3 2 2 3
33	2 2 2 6
34	2 2 3 12
35	2 2 2 15

Row clues (top to bottom)

Row	Clue
1	11
2	1 15
3	4 17
4	4 18
5	4 12 6 2
6	2 9 6 4
7	3 5 6 3
8	4 4 1 2 4 2
9	4 3 5 4 5 2
10	2 3 5 4
11	2 3 1 3 3
12	6 3 5 5 1 3
13	5 3 1 4
14	3 1 5 3
15	9 2 6 4
16	3 12 7 2
17	2 1 8
18	1 1 2 8
19	1 1 1 1 2 2
20	1 1 5 1 1
21	1 3 1 1 5
22	2 16 1 4
23	3 3 1 1 2 1 4
24	4 1 2 2 2 3
25	5 3 1 2 4 3
26	6 5 5 3
27	7 3 2
28	7 3 1 2
29	8 3 1 2
30	8 3 1 2
31	8 3 2 2
32	8 3 2 2
33	8 3 2 1
34	8 3 2 1
35	8 3 2 1

B72 갈증을 해소해요

난이도 ★★★☆☆

35×35

Column	Clues
1	5 4
2	3 2 4
3	4 2 4
4	4 1 4
5	5 3 2 4
6	2 2 2 1 4
7	2 3 5 2 4
8	1 3 5 1 1 4
9	2 4 3 1 3 3
10	4 4 1 1 4 3
11	1 2 1 2 1 1 2 6 3
12	2 1 1 4 9 2
13	5 4 9
14	1 2 1 2 12
15	4 1 1 12
16	2 1 1 12
17	3 2 3 12
18	6 3 12
19	3 9 7
20	1 3 5
21	3 7
22	1 8
23	2 9
24	2 9
25	2 10
26	3 2 10
27	1 2 15
28	1 2 16
29	4 4 5 9
30	16 9
31	16 8
32	14 7
33	14 5
34	11
35	8

Row	Clues
1	3
2	2 2
3	2 3
4	1 1 2
5	1 2 3
6	1 3 1
7	2 4
8	12
9	4 2 3
10	13 3 7
11	2 5 1 1 4 5
12	1 3 5 3 6
13	2 11 1 5
14	1 1 2 7
15	1 2 1 7
16	2 1 1 8
17	1 1 2 9
18	1 1 2 1 6
19	2 2 3 6
20	1 1 2 1 8
21	2 1 2 10
22	1 1 1 8
23	1 5 1 7
24	1 9 5
25	2 8 2
26	2 9 4
27	3 8 8
28	3 9 10
29	13 12
30	11 12
31	25
32	8 22
33	11 20
34	12 20
35	12 20

B73 강아지와 즐거운 티타임

난이도 ★★★☆☆

35×35

열	힌트
1	5 11 3 1
2	7 3 2 5 1
3	8 3 1 2 3 1 1
4	11 1 1 1 3 1 2
5	5 4 5 1 1 10
6	6 1 1 1 1 10
7	4 1 2 2 1 3 1 2
8	3 5 1 1 1 2 1 1
9	3 2 1 3 4 7
10	3 2 1 1 6 2 3
11	5 2 1 5 1 1 1
12	3 1 2 1 2 1 1
13	3 3 1 9 1
14	2 3 1 1 1 3
15	1 1 2 1 1 2
16	1 1 2 1 1 3
17	1 2 2 14
18	4 2 14
19	2 1 1 3
20	2 1 1 1 2
21	3 1 1 1 1
22	1 1 1 1 1 1
23	2 1 1 1 1
24	2 2 3 2 1
25	1 2 6 4 1 2
26	1 6 2 5
27	1 8
28	1 3 9
29	2 2 4 3 1
30	2 1 2 2 1
31	6 1 2 1
32	2 1 3 1
33	2 5
34	3 9
35	9 5

행	힌트
1	7
2	10
3	11
4	7 1
5	6 2
6	4 1 3
7	4 1 1
8	4 4
9	3 1 6
10	2 3 2 2
11	6 4 1 2
12	2 1 2 1 1 1
13	4 1 5 1 1 1
14	2 1 2 2 1 3 2 1
15	1 1 5 1 2 3
16	1 1 4 2 2 1 2
17	1 3 1 4 1 2
18	1 2 2 1 2
19	1 4 5 1 1
20	2 20 1 2
21	7 1 1 1 1 4 1
22	1 1 14 1 2 1
23	1 8 2 1 2 1
24	3 3 2 1 1 1
25	1 2 2 2 1 1
26	7 1 2 1 1 2
27	9 1 2 12
28	9 1 2 12
29	2 1 1 2 3 3
30	2 1 1 2 2 2
31	9 23
32	2 1 1 2 2 2
33	2 6 4 2 2
34	4 1 7 3 2
35	6 13 2 1

B74 도시에서 떠날래요

난이도 ★★★☆☆

35×35

열	힌트
1	9 3 12 4
2	9 3 12 3 4
3	5 2 2 10 5 3
4	4 2 1 1 9 1 3 3
5	4 2 2 2 6 6 2
6	2 4 2 5 2 5 1
7	1 6 1 2 3 5 1
8	2 3 1 5 4
9	4 1 1 2 2 2 9
10	3 1 2 1 1 3 2 3
11	1 2 1 2 1 3 1 2 3
12	2 1 1 2 1 3 2 1 1
13	2 2 1 4 1 1 2
14	2 4 7 1 2
15	2 4 1 3 2
16	2 2 1 1
17	2 1 3 3 2
18	2 1 5 5 2
19	2 1 6 7 2
20	2 6 11 2 2
21	3 4 3 3 1 2 2
22	4 6 5 2
23	5 3 2 5 4 2
24	5 3 3 7 1
25	4 3 2 1 2 1
26	1 3 5 2
27	2 3 6 2
28	10 5 2
29	12 3 2 2
30	2 9 4 4 1 2
31	2 8 11 6
32	12 3 6 7
33	2 9 2 3 1
34	7 2 4
35	5 1 2

행	힌트
1	7 16 3 2
2	6 3 14 7
3	5 5 5 3 2
4	5 1 6 5 4 3 2
5	3 3 4 2 2 8
6	2 5 2 4 10
7	2 12 5 11
8	2 2 1 5 3 8
9	2 2 4 4 3 8
10	3 3 2 3 8
11	3 5 6
12	2 3 5
13	3 5
14	7 3 3 4
15	2 2 5 3 1 1 4
16	3 2 4 3 3
17	7 3 5 1 2 2
18	7 13 1 1 2
19	6 2 2 1 3 2 1 3
20	6 1 2 1 1 2 2 2
21	6 3 3 3 4 2
22	5 6 2 3 1 2
23	4 3 1 3 1 3
24	4 2 5 6 6
25	4 2 6 5
26	2 2 3
27	3 1 1
28	2 2 1 2
29	6 1 4
30	6 1 3 2
31	7 8 4
32	2 11 2 7
33	4 5 3 4 5
34	5 4 6 2 2
35	7 3

B75 수납에 꼭 필요해요

난이도 ★★★☆☆

35×35

Column clues (left to right, top to bottom):

Column	Clues
1	5 8
2	3 3 9
3	6 2 2 6
4	5 2 2 2 6
5	4 2 2 2 7
6	5 2 2 2 2 1 3
7	1 3 2 1 2 1 1 3
8	3 2 5 3 2 1 2
9	3 3 6 4 2 1 2
10	2 2 4 6 1 2 1 2
11	3 5 4 2 1 1 3
12	3 2 2 2 1 3
13	6 2 1 5
14	6 2 2 1 5
15	4 2 2 3 7
16	4 2 2 4 6
17	5 5 3 2 6
18	1 3 2 1 2 8
19	3 2 4 4 8
20	2 2 5 5 8
21	2 2 3 5 2 2 6
22	2 2 3 3 3 2 6
23	2 4 4 5
24	3 2 4 3
25	7 4
26	3 2 2 5
27	4 2 2 3 2
28	4 2 2 4 3
29	5 5 3 1 2
30	1 2 2 1 5 1 2
31	5 5 6 1 2
32	4 5 3 3 4
33	5 4 5 4 3
34	7 3 3 2
35	2 2 5

Row clues (top to bottom):

Row	Clues
1	3 3 3
2	1 2 1 1 1 1
3	5 5 5
4	4 2 3 2 7
5	5 2 5 2 3 3
6	3 2 1 3 2 2 3 3
7	3 1 2 2 2 5 3
8	4 2 4 2 3 3
9	3 5 4 1
10	1 1 1 2 1 2 2
11	4 6 6 3
12	2 2 5 2 5 2 3
13	2 2 4 2 2 3 2 2 3
14	2 5 2 5 2 5
15	2 3 6 6
16	2 3 2 3 2 3
17	6 6 3 2
18	2 2 2
19	2 2 3
20	3 2 3
21	3 2 3
22	2 2 2
23	5 6 6
24	2 2 8 8
25	2 2 3 14
26	2 4 6 3
27	3 3 4 6 1
28	3 7 6 12
29	2 2 4 3 3 4
30	5 8 6
31	23 4
32	5 11
33	7 14
34	24
35	24

B76 무슨 카드를 골랐을까요

난이도 ★★★☆☆

35×35

Column clues (top to bottom):

Column	Clues
1	13 21
2	13 20
3	12 19
4	8 2 21
5	8 2 2 4 8
6	7 2 6 4 1
7	4 2 2 1 1 3 1
8	4 2 2 7 2 1
9	4 3 7 2 2 1
10	3 2 2 2 3 1 1
11	3 4 2 5 1
12	4 2 3 3 1 1
13	1 6 5 2 1
14	1 6 2 3 2
15	2 2 4 3 2
16	2 4 2 3 2 2
17	2 5 3 3 4
18	2 3 2 4 3 8
19	8 3 3 4 11
20	1 6 3 13
21	1 1 6 3 4 3
22	2 3 2 2 2 2 2
23	2 5 2 4 1 2 1
24	2 3 3 4 1 1
25	3 1 3 2 3 1
26	3 5 2 2 1 1
27	6 3 3 2 2 1
28	3 1 6 1 2
29	1 2 2 1 4 3 3
30	2 2 2 2 2 8
31	3 4 2 8
32	3 2 4 9
33	4 2 9 10
34	6 25
35	7 27

Row clues (left to right):

Row	Clues
1	35
2	12 5 7 6
3	12 1 4 5
4	9 2 2 1 1 1 3
5	6 1 1 5 3 1 2 2
6	7 4 5 7 2 2
7	8 4 4 3 1 2 1
8	5 2 1 2 1 2 1 1 2
9	3 1 2 1 1 2 1
10	3 2 2 1 3 2 2 2 1
11	4 2 2 1 3 2 1 2
12	5 2 2 2 2 4 2
13	2 2 1 2 2 1 1 2 3
14	3 2 1 2 1 3 2 1 3
15	1 3 2 4 2 1 1 2 1 5
16	2 3 1 2 4 1 1 3 5
17	4 1 2 1 2 1 2 3 4
18	6 5 2 4 1 3 4
19	5 2 2 1 2 4 2 3
20	5 2 2 2 2 2 2 3
21	5 4 1 2 1 2 2 3
22	4 1 2 2 1 2 2 1 2
23	4 3 1 2 4 1 2
24	4 2 2 1 1 2 2
25	4 2 2 2 3 2
26	4 1 4 3
27	4 5 4
28	5 4 6
29	5 3 7
30	7 3 9
31	8 3 2 7
32	9 4 6
33	6 2 5 7
34	5 9 8
35	35

B77 모양 만들기가 어려워요

난이도 ★★★☆☆

35×35

Column clues (left to right, top to bottom):

Column	Clues
1	7 9
2	7 3 2
3	7 2 1
4	7 2 1
5	7 2 1
6	8 3 2
7	8 2 2
8	8 3 1 2
9	8 7 3 4
10	8 2 10
11	10 12
12	9 11
13	9 1 11
14	3 3 1 1 2 8
15	2 1 1 1 1 3 8
16	3 4 1 1 2 1 7
17	1 4 4 1 2 1 6
18	1 2 1 1 3 2 2 8
19	1 5 4 2 3 9
20	1 3 2 1 13 3
21	1 1 1 8 3 3
22	2 2 1 6 2 3
23	3 1 3 6 2 2
24	8 5 2 1 2 2
25	7 5 2 2 2 2 3
26	7 5 2 1 2 2 3
27	7 5 2 4
28	8 4 8
29	8 4 2 2 5
30	8 4 2 4 5
31	8 4 2 1 3 5
32	8 8 5 4
33	8 14 3
34	8 12 1
35	8 10

Row clues (top to bottom):

Row	Clues
1	35
2	16 14
3	14 3 13
4	13 2 1 12
5	13 1 2 1 12
6	13 2 17
7	14 1 2 12
8	9 2 2 2 8
9	10 1
10	2 1 2 5
11	2 9 9
12	1 2 12
13	1 6 14
14	1 9 5
15	1 4 6 4
16	1 8 4
17	2 7 4
18	1 4 2 3 2 4
19	2 1 4 1 3 3
20	2 2 3 1 1 3
21	1 2 2 2 3
22	2 2 1 4
23	2 6 2 3 4
24	2 11 2 4
25	2 12 1 2
26	1 11 3 5
27	2 10 9
28	1 11 4 2
29	1 11 1
30	1 8 2 3
31	1 4 3 6
32	1 4 4 8
33	1 4 14
34	2 6 5 5
35	7 2 5

B78 화가 나면 힘이 세져요

난이도 ★★★☆☆

35×35

Column	Clues (top to bottom)
1	5 5
2	4 3 5
3	1 1 1 1 5
4	9 5
5	2 1 1 5
6	1 2 2 5
7	2 1 1 5
8	2 1 2 6 3 1
9	7 2 3 4
10	2 5 3
11	2 7 4
12	1 2 3 5
13	1 2 6 1
14	1 7 10 3 2
15	6 2 1 12 5
16	3 2 1 1 8 5
17	4 1 3 2 6 5
18	4 3 4 5 5
19	4 1 3 2 5 5
20	4 2 3 1 6 5
21	6 1 1 8 5
22	4 2 1 9 5
23	8 1 8 1 5
24	1 2 8 7
25	1 1 1 2 9 2 3
26	2 2 2 12 1 4
27	1 1 6 4 1 3
28	2 2 3 2 6 4
29	3 2 5 3 4
30	1 2 7 7
31	2 2 4 1 5
32	2 3 2 5 5
33	2 2 2 1 5
34	4 2 5
35	15 5

Row	Clues (left to right)
1	5 5
2	3 9
3	3 13
4	3 10 3
5	4 1 2 3 4
6	4 1 3 2 1 1 2
7	1 1 4 1 2 2 1 2 2 2
8	2 1 7 1 1 3 2
9	6 2 2 4 2 1
10	1 1 3 1 4 1 1
11	4 4 6 2 2
12	2 1 3 1 2 1
13	5 2 1 2 2 1
14	1 1 7 1
15	2 2 7 1
16	7 4 1
17	1 10 1
18	2 1 2 1
19	4 2 1 1 1
20	7 5 1 2 1
21	18 3 1
22	23 1 1
23	20 4 1
24	2 15 1 1 1 1
25	1 13 1 1 1 2
26	1 2 9 1 3
27	1 1 5 5
28	1 1 2 1
29	2 2 5 2
30	1 1 2 1
31	9 11 6
32	9 10 1 8
33	8 21
34	7 22
35	8 23

C79 고양이들의 놀이터

난이도 ★★★★☆

30×40

Column clues (top to bottom)

Column	Clues
1	2
2	3
3	4
4	9
5	6 2
6	8 1
7	3 4 1
8	3 1 2
9	4 1 1
10	5 3 1
11	1 4 3
12	4 1 2 1
13	3 3 1 1
14	2 2 1 1 1
15	2 2 1 1 1
16	3 1 2 1 11
17	2 1 4 2 3 2 12
18	1 2 6 1 2 3 2 2
19	1 1 3 3 2 2 3 4
20	1 1 1 2 2 2 2 1 1 2
21	2 1 20 1 2 2
22	5 4 1 1 2 1 1 2 1 1 2
23	1 2 2 1 1 1 2 1 1 2 1 1 2
24	1 2 2 1 2 1 2 2 2
25	1 1 21 2 3
26	1 2 2 4 1 4
27	2 2 3 2 12
28	2 8 2 12
29	10 2 1 1
30	2 2 11

Row clues (left to right)

Row	Clues
1	2 2
2	7
3	1 1
4	1 1 1 4
5	1 1 1 2
6	6 2
7	1 2 2
8	1 1 2 1
9	1 1 2 1
10	1 1 1 1
11	15
12	14
13	1 1 1 2
14	1 1 3 2
15	1 1 1 2
16	3 3 1 3
17	1 1 1 1 2
18	3 3 1 2
19	1 1
20	1 1 14
21	2 2 14
22	6 1 1
23	3 1 1 1 2
24	3 1 1 1 1
25	2 2 3 1
26	1 2 1 1
27	2 2 3 1
28	1 4 1 1
29	2 12
30	3 17
31	4 2 3 4 1
32	4 1 2 2 2 3 1
33	4 1 2 1 2 1 2 1
34	3 1 2 1 1 2 1
35	1 1 3 2 1 4 1
36	1 2 3 2 2 1
37	3 3 2 1 3 1
38	5 2 2 1 4 1
39	4 2 18 1
40	3 4 15

C80 프라모델의 꽃!

난이도 ★★★★☆

30×40

Column clues (top to bottom):

Column	Clues
1	3 7
2	4 12 2
3	1 4 12 3
4	1 1 13 4
5	3 1 1 1 2 6
6	10 4 2 4 1 1 2
7	4 4 10 5 1 2
8	1 2 6 2 2 2 1 1 2
9	2 6 2 1 1 2 3 1 1 2
10	4 14 3 1 1 1 2
11	2 5 1 2 2 3 2 7
12	4 1 1 1 8 3
13	4 8 9
14	5 3 12
15	1 5 2 1 1 2
16	3 2 5 1 4
17	8 7 2 4
18	2 8 2 1 1 5
19	1 5 2 4 1 1 3
20	5 4 4 2 1 5
21	3 1 2 5 8 6
22	1 3 1 4 3 2 1 2
23	11 3 3 2 1 2 2
24	2 5 2 2 4 1 2 2
25	1 9 9 3 1 3
26	1 12 5 2 1 3
27	2 9 6 2 7
28	7 4 2 4
29	8 10 1
30	18

Row clues (left to right):

Row	Clues
1	3 3
2	3 2 3 4
3	8 2 2 2
4	2 2 3 2 2 1 2 1
5	2 1 5 1 3 1 4
6	3 1 2 2 1 2 1 5
7	2 1 1 1 1 1 5 5
8	8 1 1 5 1 5
9	1 11 2 1 5
10	1 1 1 2 1 2 3 2
11	2 1 1 2 2 3 3 2
12	5 4 7 3 2
13	1 5 8 2 2 2
14	2 4 6 1 1 1 1
15	1 2 1 1 3 2 2 2 2
16	1 1 2 1 2 5 1 2
17	1 2 9 1 3 1 2
18	2 5 2 2 1 1 1 2
19	2 2 1 2 1 2 1 1 2
20	2 2 1 2 2 4 4
21	7 2 2 4 5 3
22	4 11 4 2 3
23	4 2 3 2 3 3
24	7 4 1 3 2
25	4 2 2 2 4 2 1
26	3 3 2 2 3 2 1
27	2 1 4 2 2 3
28	2 1 3 3 3
29	3 1 3 1 5 2
30	2 4 1 1 1
31	2 1 4 1 1
32	2 1 1 2 2
33	1 2 2 1 2
34	1 1 5 2 6
35	1 1 1 3 1
36	8 2 5
37	3 1 5 2
38	10 2 4
39	10 8
40	8

C81 커다란 부리로 먹이를 삼켜요

난이도 ★★★★☆

30×40

Column clues (top to bottom)

Column	Clues
1	3 3 6
2	3 4 6
3	3 2 4 2 6
4	3 3 2 2 3 6
5	3 2 2 1 4 5
6	4 2 14 5
7	4 3 12 5
8	4 2 11 5
9	7 10 5
10	6 1 5 1 5
11	3 1 1 2 6 5 2
12	2 1 2 1 8 4 3
13	1 1 2 4 6 1 2
14	1 2 1 4 5 1 3
15	1 3 2 5 4 3 1
16	1 3 1 4 3 2 2
17	1 3 4 1 4 2
18	1 4 5 2 2
19	2 4 2 4 7 2
20	2 4 1 3 4 3
21	3 7 1 3 2 3 2 1
22	3 2 2 2 2 7
23	3 1 1 5 4 1
24	5 2 1 3 3 2 1
25	4 2 4 2 3 3
26	3 2 3 1 3 2
27	3 3 3 2
28	3 2 1 4
29	3 3 4
30	3 8

Row clues (left to right)

Row	Clues
1	30
2	12 12
3	11 2 10
4	5 2 2
5	2 4 3
6	6 2 2
7	2 4 1
8	2 3 1 1
9	1 2 2 1
10	2 2 1 1
11	2 2 1 1
12	2 2 2 2
13	1 3 1 1
14	2 5 2 1
15	2 6 2 2
16	1 7 1 1
17	4 5 2 4
18	3 5 3 1 3
19	1 1 4 4 2
20	2 6 2 1 2
21	5 2 2 1 2
22	3 2 1 1 1
23	2 2 2 2 1 2
24	5 2 2 2 1 2
25	4 2 3 3 1
26	3 2 3 1 2 2
27	2 2 5 1 1
28	2 3 3 1
29	2 2 1 1
30	15 1 6
31	17 2 3
32	16 3 7
33	21 7
34	11 3 6
35	4 1 1 2
36	7 1 2
37	2 2 2 4
38	4 2 3 2
39	2 2 2 1 2
40	3 8

C82 한 다리로 균형을 잡아요

난이도 ★★★☆☆ (3.5)

30×40

Column clues (top to bottom):

Column	Clues
1	4 1 2
2	3 2 1 3
3	2 1 1 3
4	4 2 1 1 1 3
5	6 1 3 17 2 1
6	8 6 3 3 1
7	3 1 8 4 1 1
8	3 1 1 1 2 4 5 1 2
9	2 2 1 10 5 9
10	3 1 1 2 2 4 2 2 2 1 3
11	3 1 7 4 7 1 3
12	7 6 3 2 1 1 3
13	5 6 4 1 2 1 3
14	1 1 1 2 1 1 1 2
15	2 2 2 2 1 1
16	5 5 1 1
17	3 2 1 2
18	2 1 1 3
19	3 1 3 1 1 2 1
20	7 5 19 1
21	8 4 4 1 1
22	3 1 5 5 1 2
23	2 1 1 1 11 5 6
24	2 2 1 2 6 5 4 3
25	3 1 1 6 5 2 1 2 1 3
26	3 1 7 4 6 1 3
27	8 1 2 4 1 1 1 3
28	7 2 2 1 2 1 2 1 3
29	3 2 2 2 2 1 3
30	6 6 1 2

Row clues (left to right):

Row	Clues
1	6 5
2	8 7
3	5 4 3 4
4	3 2 2 2
5	5 4 4 4
6	3 1 2 3 1 3
7	2 3 2 3 3 3
8	2 2 4 4
9	5 9
10	1 2 1 2
11	4 3 11
12	2 10 2 7 2
13	2 8 1 1 2 1 2 2
14	1 3 1 3 2 3 1 3 1
15	2 3 1 2 1 2 1 2 1
16	1 3 1 3 1 1 2 1 1
17	1 1 1 4 1
18	2 5 3 6 2
19	14 13
20	9 8
21	9 8
22	1 2 1 2
23	1 2 1 2
24	1 2 2 1 1 2
25	1 3 1 1 2 1
26	1 1 4 1 1 3 1
27	1 4 1 1 1 3 1
28	1 4 2 1 4 1
29	1 1 1 3 1 1 1 2
30	1 1 3 1 1 1 2
31	1 1 2 1 1 4
32	1 3 1 3
33	1 1 1 1
34	5 12 7
35	5 5
36	1 1 1 1
37	2 1 2 1
38	4 5 2 7
39	4 7 2 9
40	30

C83 인간의 지능을 모방해요

난이도 ★★★☆☆

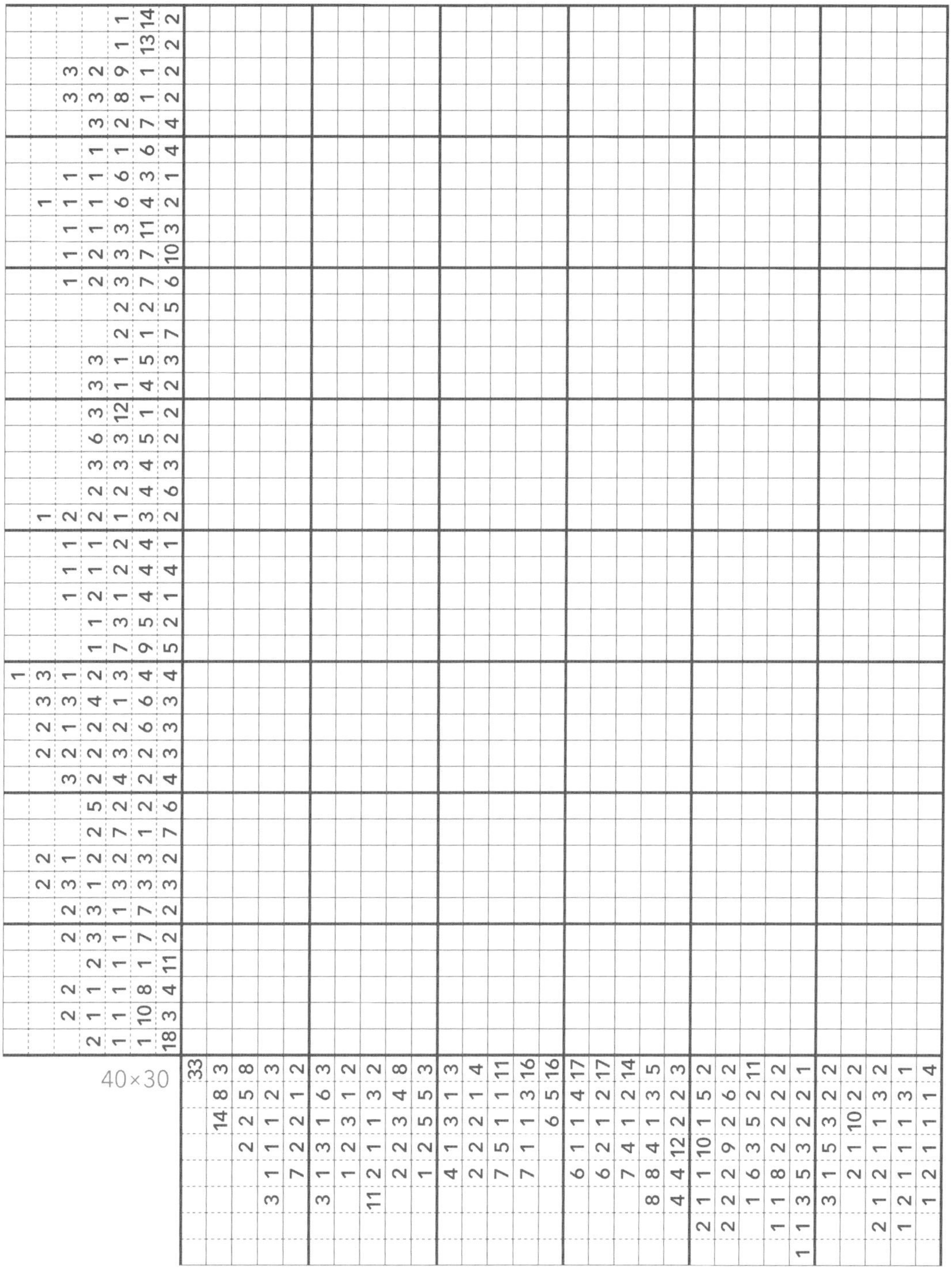

40×30

C84 계속 누워있고 싶어요

난이도 ★★★☆☆

40×30

Row clues

Row	Clue
1	26
2	7 1 1
3	27
4	1 8 2 3 2
5	1 7 6 2
6	2 7 5 2 2
7	4 5 5 1 3
8	2 4 4 2 2
9	9 4 1 2
10	13 2 1 1
11	5 3 1 2 1
12	1 4 2 3 2 1
13	3 9 2 1 2 2 1
14	1 3 2 1 2 1 1
15	7 4 4 2 1
16	6 1 1 2 1 1
17	6 1 2 1 5
18	6 1 2 2 1 1 1
19	5 2 2 2 5
20	5 1 2 4
21	5 1 1 2
22	5 2 2 2
23	4 1 2 2
24	4 1 4
25	14 1 1
26	1 1 1 2 1
27	15 1 1
28	3 1 3 1 1
29	2 1 4 2 1
30	2 2 4 1 1
31	1 1 4 1 2
32	2 2 3 1 1 1
33	1 3 1 1 1 2
34	2 2 1 1 1 2
35	1 2 9 1
36	2 9 1
37	2 2 1 1 2
38	13 1 1 2
39	1 1 1 1 3
40	14 1 2

Column clues

Column	Clue
1	9 20
2	3 4 1 11 4
3	3 1 5 11 2
4	7 4 11 1
5	6 14 1 4
6	18 1 1 3
7	11 3 1 1 3 3
8	1 8 1 1 1 3 1 1
9	1 8 1 1 1 3 1
10	1 5 1 1 4 1 2 1
11	1 2 1 1 4 1 1 1 1
12	1 1 1 1 5 1 1 1 1
13	1 1 2 3 4 1 1
14	1 1 6 2 1 3 2 1 1
15	1 9 3 5 4 1 1
16	1 7 2 2 2 3 1 1
17	1 1 4 2 2 3 1 1
18	1 5 3 2 3 6
19	1 3 2 3 8 1
20	1 4 4 2 4 2 2
21	1 1 3 2 2 2 4 2
22	1 1 3 3 2 3 2
23	1 1 3 5 2
24	1 1 2 21
25	3 3 2 2
26	1 3 5 10
27	6 4 1 1 1 2
28	3 3 3 2 2
29	3 3 1 2 2
30	6 2 4

C85 물에 넣으면 바로 녹아요

난이도 ★★★☆☆

6 2 2
13 5
6 8 5
2 2 8 1 3
2 5 8 3
2 1 5 6 4
2 13 4
3 2 3 4 2 1
1 1 2 2 4 3
1 1 1 4 3
1 2 1 2 3
2 2 2 3
2 2 5 2
2 1 4 4
3 1 2 3 2
2 2 4 3
2 2 2 1 4
2 1 3 1 2
3 4 2
4 2 2 2
5 3 2 3
3 3 7
6 1 2 1 3 1
3 3 3 3 1
2 3 2 1 7 1
3 1 1 4 1 1
5 4 2 1 1
6 4 2 2 1
8 2 2 1
10 1 2 1
8 1 1 2 1
8 2 2 3 1
16 3 2
12 1 1 2
2 9 2 2 2
3 6 1 2 2
13 3 2
14 2
10 1 3 5
7 11

40×30

8 8 4
2 7 16
5 5 12 5
4 2 2 9 4
3 3 1 9 4
2 2 1 13
2 2 2 4 12
4 1 3 12
5 2 2 1 8
2 2 1 1 7
2 3 1 8
2 5 3 5 2
3 4 2 2 2
4 2 2 1 2
4 2 2 4 3
4 2 1 2 2 3
8 2 7 2
5 3 2 1 5 5
5 3 2 2 2 4 1
7 5 2 4 1 2
8 2 1 2 2 1
6 6 2 1 1
14 2 2 1
5 1 12 1
6 2 3 1
4 1 1 2 2
3 4 5 2 1 2
11 1 4 3 3 2
7 14 4 2
4 10 1 15 2

C86 머리에도 쉼이 필요해요

난이도 ★★★☆☆ (3½ stars)

40×30

Column clues (left to right)

Column	Clue
1	2 3 8 4 2 2
2	2 3 7 3 2 2
3	2 3 7 3 2 2
4	2 3 6 3 2 2
5	2 3 6 3 2 2
6	2 9 1 2 2 2
7	2 2 4 1 1 1 1 3
8	3 3 4 1 3 1 2 2
9	3 3 2 3 1 3 2 1
10	2 4 2 6 1 1 1
11	2 2 1 2 1 1 1 2
12	2 2 3 5 4 1 2
13	4 1 7 2 5
14	3 5 3
15	1 1
16	1 3 1
17	1 2
18	2 4 2
19	8 2 4 2 1 3
20	8 8 2 1 3
21	1 1 5 3 4 4 8
22	1 1 2 2 3 5 8
23	1 2 1 2 5 3 6 1 1 1
24	1 2 1 2 6 4 4 1 1 1
25	1 1 1 1 2 2 4 3 3 1 1 1
26	1 1 1 5 1 5 7 5 1
27	1 1 2 4 14 1
28	4 7 11 1
29	2 4 2 8 1
30	13

Row clues (top to bottom)

Row	Clue
1	9 6
2	9 2 4
3	3 2 2
4	2 2 2
5	2 2 4
6	1 6
7	1 2 5
8	5 1 2 1
9	13
10	13 7
11	1 3 1 5 3
12	6 3 1 6 7
13	6 4 10
14	7 3 4 5
15	7 3 3 3 3
16	9 11 1
17	8 1 7 4
18	3 1 3 1 7 2
19	1 3 3 1 6 1
20	1 3 1 5 1
21	3 3 1 1 6
22	1 3 1 2 5
23	1 1 3 2 4
24	1 3 7
25	3 1 8
26	3 3 2 2 6
27	1 2 3 4 4
28	5 1 18
29	12 1 12
30	6 1 8
31	6
32	9 1
33	6 1 2 3
34	2 3 1
35	1 2 1
36	1 3 1
37	2 2 3
38	3 2
39	8 7
40	7 2 2

C87 도토리를 찾아 떠나요!

난이도 ★★★☆☆

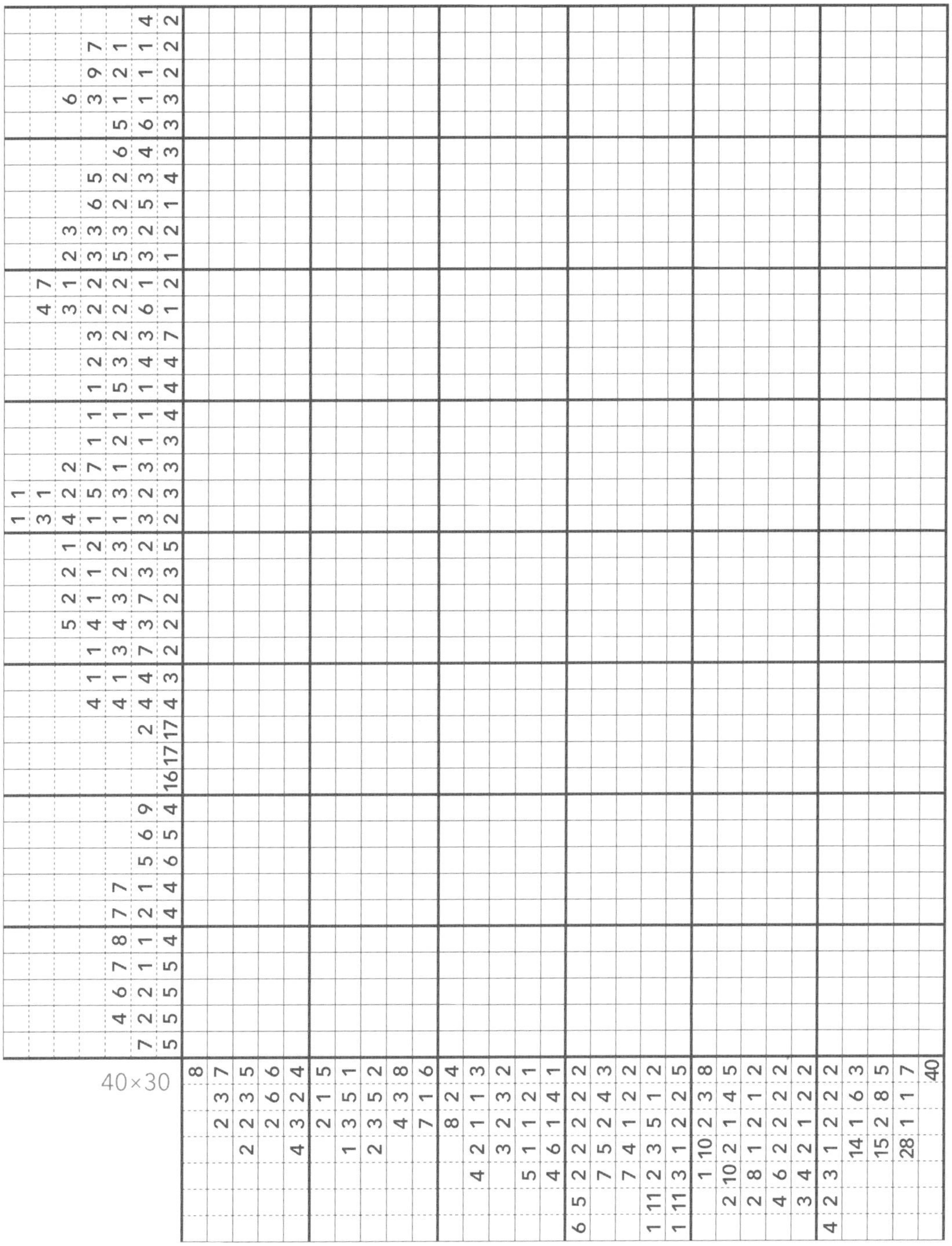

C88 고맙지만 시끄러워요

난이도 ★★★☆☆

40×30

Column clues (left to right, top to bottom)

Column	Clues
1	3 3 20
2	3 6 3 17
3	13 12
4	4 12 2
5	3 2 7 4
6	2 2 2 3 5
7	2 2 2 2 7
8	2 2 2 2 4 2
9	2 2 2 2 2 7 1
10	2 2 3 2 2 3 4 2
11	2 2 2 2 2 4 4 1
12	2 2 7 3 1
13	2 13 3 1
14	3 2 12 3 1
15	3 2 4 6 2 1
16	5 6 4 2 3
17	16 1 3 6
18	19 3 2 1
19	6 4 8 2 2 2
20	3 2 7 2 3 4 1
21	4 1 4 2 3 3 1
22	6 2 3 1
23	1 3 3 4 2
24	5 6 5 2
25	1 4 2 9 2
26	2 2 2 5 1
27	4 3 3 7
28	4 5 6 12
29	9 3 11
30	17 10

Row clues (top to bottom)

Row	Clues
1	8 4 3
2	1 17 3
3	2 3 8 3
4	5 2 5 1 3
5	3 2 6 2
6	2 2 5 2
7	2 3 2 3 2
8	2 2 3 1 2 2
9	2 2 3 2 3 1 4
10	2 2 2 2 3 4 2 1
11	2 2 3 1 2 2 1
12	2 2 2 3 1 1 1
13	2 3 5 2 2 1 1
14	2 2 2 8 2 1
15	4 2 10 1 1
16	6 9 1 2 1
17	2 13 4 2 3
18	1 18 2 2
19	4 2 2 2 2
20	4 3 2 2 1
21	5 3 4 2
22	4 4 2 1
23	4 5 2
24	4 6 2
25	3 7 1
26	3 3 3 1
27	3 4 2 2
28	3 3 6
29	3 3 9
30	2 3 10
31	2 3 3 8
32	2 3 2 6
33	2 4 2 4
34	2 6 2 4
35	2 2 9 3 3 3
36	1 2 7 5 4 3
37	1 3 4 1 2 3
38	1 4 2 1 3
39	1 2 3 1 3
40	1 2 7 3 3

C89 열이 나는지 확인해요

난이도 ★★★★☆

40×30

3
3
1 2
2 3
1 7
1 3 2
1 3 2
1 2 3 2
2 2 3 2
5 1 2 5
6 1 1 1
3 3 2 1 2
3 1 4 4 1
3 5 2 1 2 1
1 1 3 1 2 3
1 1 3 1 1 1 1 2
2 2 1 1 1 2 2 2 2
3 1 1 1 2 3 1 3
4 2 3 4 5
6 5 3 1 2 3
7 4 6 2
4 4 4 1 2 1 2
5 8 1 1 1 1
5 1 2 1 1 1
5 1 2 1 2 1 1
6 1 3 1 3 1 1
6 1 3 1 2 1
7 1 3 2 1 2
7 1 2 1 2 2
8 2 2 2 2
10 6 3
14 1 2 4
15 12
21 7
16 2 7
13 2 6
16 6
10 5
7 5
4

11
16
18
21
25
2 4 13
6 3 12
3 3 2 10
2 1 2 2 9
2 1 3 1 2 9
5 1 1 1 4 8
3 5 1 1 8
7 2 1 4 8
7 1 3 1 2 6 7
3 1 2 2 3 1 5
1 3 2 5 2 1
2 4 4 2 4 2 1
1 3 2 3 1 1
1 2 6 5 2
2 3 3 1 4
1 3 1 1 3
2 2 6 2 1 2
1 3 1 5 3
1 3 3 2 6
1 1 2 2 2 5
2 4 5 3 7
3 1 2 1 7 9
4 1 2 3 10
7 8 13
4 29

C90 당당하게 입장해요

난이도 ★★★★☆

40×30

열	힌트
1	3 1 6 1
2	5 7 1
3	1 2 4 1 1
4	1 1 4 1 1
5	1 1 1 3 2 1
6	2 1 3 8
7	5 2 7 2 10
8	1 2 1 3 5 5 1 1
9	1 2 2 4 2 6 4 3
10	1 2 2 5 2 4 1 3
11	4 1 2 5 2 1 3 1
12	5 4 5 2 3 3 2 1
13	4 3 3 6 2 1 4 1
14	3 1 2 7 4 4 5
15	2 9 10 2 1 1 1 1
16	3 3 6 2 1 1 1
17	1 12 3 1 2
18	4 2 3 3 2
19	4 2 2 4
20	4 3 1
21	3 2 1
22	2 1
23	2 1 2 2 2
24	8 5
25	4 2
26	6 4
27	6 5
28	8 4
29	11
30	8

행	힌트
1	11
2	2 2 4 7
3	2 9 10
4	2 10 3 6
5	7 2 1 3 7
6	1 5 1 5
7	1 1 1 2 5
8	1 1 1 3 1 2 4
9	1 1 1 1 1 3
10	1 1 1 2 3
11	2 1 1 3 2
12	11 1 2 4
13	16 2 5
14	8 3 2 1 4
15	6 1 8
16	4 6 2 5
17	3 12
18	2 14
19	2 14
20	2 12
21	3 4
22	2 3 3
23	4 5 1
24	3 1 2 3
25	1 1 1 2
26	4 1
27	4 2
28	3 2
29	1 1 1
30	1 1 1
31	8 1
32	1 1 2
33	1 1 5 1
34	1 1 4 2
35	1 1 3 1 1
36	1 1 4 1
37	1 1 1 2
38	1 2 1 5
39	1 2 1 1
40	10

C91 뽀글뽀글한 머리 스타일!

난이도 ★★★☆☆

40×40

Column clues

Column	Clues
1	4
2	2 2
3	4 4 2
4	2 8 3 2
5	8 9 6
6	2 1 3 2 4 1 1 6
7	6 2 4 5 2 6
8	2 6 3 3 4 1 6
9	1 1 2 17 2 7
10	12 5 2 2 2 7
11	2 3 2 4 10 2 3
12	3 11 1 5 3
13	4 8 1 2 3 2
14	1 2 3 4 1 2 4 3
15	1 10 1 2 6
16	7 3 2 1 2 1 6
17	5 7 1 2 1 1 4
18	3 5 3 4 1 2 1 3
19	2 1 7 2 2 2 1 3
20	3 2 5 1 2 2 1 2
21	3 9 4 1 2 1 2
22	2 11 1 2 2 1 3
23	7 5 1 2 1 1 4
24	9 3 1 2 1 6
25	1 3 3 3 1 2 6
26	16 2 4 4
27	2 2 5 3 2 2 2
28	1 4 1 4 1 2 2 1 3
29	10 16 7
30	2 1 5 5 6 3 8
31	4 9 3 2 1 1 2 8
32	1 5 13 2 2 7
33	4 5 5 2 2 1 6
34	4 3 11 2 6
35	5 4 4 3 1 4
36	16 4
37	6 2 3 2
38	2 1
39	2
40	4

Row clues

Row	Clues
1	4 5
2	13 4
3	4 3 2 2 2 3
4	10 8 6
5	2 1 6 8 1 1
6	3 4 2 17
7	4 7 7 1 2 4
8	2 9 3 2 4 4 3
9	3 4 11 13
10	1 4 4 3 5 3 5 3
11	3 17 6 5
12	3 3 4 12 5 3
13	4 10 7 2 8
14	2 9 2 3 8 3
15	3 1 2 2 2 5 3
16	4 11 15
17	5 2 2 1 2 3 2
18	4 2 4 9
19	1 4 1 1 1 6
20	3 4 2 2 5 4
21	3 2 7 9 6
22	4 3 4 5 6 2
23	7 4 4 3
24	1 3 2 2 2 1 2
25	4 2 3 3
26	7 7 2 3
27	5 5 6
28	4 2 2
29	1 2 2 2
30	1 4 4 1
31	2 2 5 2 1
32	3 1 1 3
33	3 1 1 1 2 3
34	3 4 1 1 4 2
35	9 1 1 1 11
36	1 6 1 1 1 1 8 1
37	1 6 1 2 2 2 7 2
38	1 7 2 4 3 1 8 1
39	1 6 1 9 1 7 1
40	1 6 1 9 1 7 1

C92 찹쌀가루 반죽에 꽃을 올려요

난이도 ★★★☆☆

40×40

Column	Clues
1	6 20 2
2	2 7 3 4
3	2 3 3 4
4	1 1 2 2 4 1
5	3 2 5 5 2 3 2
6	4 2 3 2 2 3 2 5
7	1 2 2 2 2 2 2 2 3 3
8	2 2 4 3 4 2 2 3
9	3 1 4 2 1 4 1 5
10	4 2 4 2 1 3 2 2 2 4
11	4 1 2 6 1 10 1 1
12	3 1 10 1 10 3 2
13	3 1 5 3 1 2 4 1 2 1
14	1 1 1 2 9 6 1 1 1
15	3 1 6 9 1 2 2
16	2 1 5 3 4 1 1 1
17	2 1 4 3 2 4 2 1 1
18	2 2 2 2 4 1 2 1 1 2
19	2 4 1 8 2 4 1 2
20	2 1 4 7 2 1 3 2 1 2
21	2 1 3 5 4 4 2 2
22	2 1 5 8 4 3 1 2
23	2 1 4 1 7 9 2 2
24	2 1 6 3 3 9 1 2
25	2 1 4 2 3 1 6 1 1
26	1 2 6 1 7 1 1
27	3 1 3 3 2 1 3 6 1 1
28	3 2 3 7 11 1 2
29	3 2 1 2 5 1 7 2 1 1
30	1 2 3 9 1 8 2 1
31	4 1 5 1 1 2 4 1 2
32	4 1 8 1 3 2 2
33	1 2 1 6 2 2 4
34	1 2 1 3 3 4 3 4
35	2 3 2 3 2 2 6 5
36	4 1 2 2 7
37	2 1 2 3 3 3 4
38	1 2 3 5 5 3
39	1 3 5 7 2
40	7 21 1

Row	Clues
1	1 4 16 14
2	1 2 4 15 2 3 1
3	1 2 7 6 1 1
4	3 1 4 4 1 2
5	4 3 5 3 3
6	1 2 6 3 3 2 4
7	2 3 4 1 2 1 1
8	1 2 2 2 2 3 2 2
9	4 2 4 2 3 3 1 2
10	3 1 4 2 14 3
11	3 2 3 2 4 3 5 2 3
12	2 1 20 2 2 2
13	2 1 6 4 3 4 2 2
14	2 1 9 3 2 4 2 1 2
15	2 1 5 4 2 1 6 2 1
16	1 1 6 8 9 1 1
17	1 2 3 1 7 3 2 1 1
18	1 2 1 7 8 1 1
19	1 7 4 4 3 4 2 1
20	1 3 2 9 3 3 1 1
21	1 2 3 1 2 5 1 2 1
22	1 1 4 3 3 5 2 1
23	1 1 8 3 2 4 1
24	1 1 2 9 3 3 2 1
25	1 1 6 2 6 5 1 1
26	1 1 11 5 5 2 2
27	2 2 2 8 10 1 2
28	1 1 4 4 7 5 1 2
29	2 2 4 2 1 10 1 3
30	1 2 2 2 11 1 3
31	2 3 3 7 2 2 2
32	2 8 1 3 4 1 3
33	2 1 2 4 2 3
34	2 2 2 2 2 2
35	4 2 3 3 3 2
36	10 6 8 6
37	6 4 10
38	3 5 4 12
39	6 14 5
40	6 7

C93 욕심부리면 안 돼요

난이도 ★★★☆☆

40×40

Column	Clues (top to bottom)
1	13 8 1 5
2	13 7 4 2
3	11 2 3 5 2 1
4	10 2 2 3 4
5	8 2 3 2 2 2
6	6 3 3 4 7
7	5 1 2 4 2 3
8	5 7 1 2 1
9	5 3 3 2
10	5 2 2 5 2 3
11	5 2 2 5
12	6 1 4 1
13	7 4 2 2 2
14	9 7 1 1 2
15	7 7 2 1 1 3
16	2 4 3 1 1 5
17	2 2 1 2 1 1 1 4 1
18	2 3 1 1 1 1 3 2
19	2 4 3 1 1 1 1 2 1 2
20	2 8 2 2 2 1 1 2 3
21	5 4 2 1 2 2 2 3 2
22	3 2 5 3 3 2 1 5 1
23	2 2 1 2 3 3 2 3 2 4
24	2 1 1 2 1 5 2 3 4
25	2 1 1 4 6 2 2 1 1
26	3 5 1 3 6 3
27	4 2 2 4 3 3 2
28	2 1 9 5
29	1 1 4 3 3 1
30	2 3 1 1 5 4 3 3 2
31	6 3 7 1 5 2 2
32	3 10 1 2 2 7
33	3 2 1 3 2 2 2 6 2
34	3 2 3 2 2 6 1
35	3 1 7 3 2 2 1
36	4 1 6 5 1 1 1
37	7 10 3 1 1 2
38	5 10 4 1 2 3
39	9 3 5 2 8
40	8 2 6 11

Row	Clues (left to right)
1	17 8 8
2	17 8 11
3	15 2 2 11
4	17 3 1 1 5
5	17 4 1 1 1 4
6	6 5 3 2 2 2 1 1 2
7	5 4 3 4 1 1 2
8	6 2 1 3 1 2 1 2
9	4 1 2 3 9 4 3
10	4 3 2 5 2 2 3
11	3 3 8 2 2 2
12	2 5 1 2 12
13	9 1 2 3 4
14	4 1 1 2 2 5
15	1 2 3 3 3
16	2 1 3 6 4
17	1 1 2 2 9
18	1 1 7 1 9
19	2 4 3 2 2 4
20	1 3 1 1 1
21	2 2 1 1 2 1
22	2 1 2 4 4 2
23	2 1 6 1 4 1 3
24	2 4 4 1 1 6
25	3 2 2 1 11
26	3 2 3 1 10
27	2 1 4 2 1 4
28	2 1 2 2 4 5
29	2 1 3 2 6 2 2
30	2 1 1 2 3 1
31	3 2 3 2 2 1
32	1 1 3 3 2 2 1
33	4 7 3 3 2
34	6 3 1 9
35	3 5 1 2 8 4 3
36	2 3 14 8 2
37	1 4 2 3 3 4 4 1 2
38	4 3 3 4 2 5 2 2 3
39	2 4 3 4 4 2 3 4 4
40	1 11 4 11 8

C94 문지르면 소원을 들어줘요

난이도 ★★★⯪☆

40×40

열	힌트
1	18 5
2	5 8 3 2
3	5 7 2 2
4	4 7 4 2
5	4 7 4 2 2
6	4 7 1 3 1 2
7	5 7 1 2 3 5
8	7 6 1 2 10
9	1 12 1 1 1 2 10
10	1 4 6 2 1 6 1 8
11	3 6 1 4 1 3 2 8
12	1 4 8 4 3 1 5
13	6 10 3 2 3
14	7 4 5 6 4
15	8 2 2 7 4 2
16	9 1 4 5 3
17	11 4 2 5
18	4 7 3 1 5
19	4 8 3 2
20	2 3 3 2 2
21	4 8 1 1 3 3
22	4 7 2 6 1 3
23	12 1 3 2 1 4
24	10 2 1 2 2 1 2
25	9 1 1 2 4 2 3
26	10 2 1 3 1 2 2
27	2 9 1 3 1 2 1 5
28	1 2 5 2 2 3 2 1 6
29	1 9 1 2 2 1 2 6
30	9 4 1 2 2 6
31	10 2 1 1 2 7
32	4 4 1 1 1 3 5
33	1 2 3 3 2 3 3 2
34	3 3 3 2 1 3 4 1
35	3 7 2 4 2 3 1
36	3 7 3 3 1 8
37	4 5 5 7 1
38	5 3 7 9 1
39	6 8 7 1
40	19 10

행	힌트
1	10 18 3
2	8 15 7
3	10 8 6 8
4	19 7 7
5	3 11 7 4
6	1 12 12 2
7	1 2 6 7 9 1
8	1 5 24 1
9	1 11 17 5 1
10	15 8 6 4 1
11	19 3 6 4 2
12	14 7 11 3
13	13 2 3 3 12
14	9 2 3 1 4 4
15	7 4 4 2 2 1 6
16	3 2 2 3 7 7
17	2 5 2 1 2 5
18	1 4 3 4 1 4 3
19	4 2 7 3 1
20	1 2 2 3 3 3
21	1 2 2 4 2
22	2 2 4 1
23	2 2 4 3
24	2 1 4 6
25	7 2 2 8 4
26	1 2 2 3 1 4 4 2
27	1 5 3 1 2 3 3 1
28	2 3 4 2 4 2 4 1
29	3 1 2 4 3
30	1 3 2 1 5 6
31	8 1 4 2 4
32	3 2 4 2 5
33	7 1 3 3 8
34	4 4 1 7 7
35	4 2 1 2 6 6
36	6 1 2 1 7 1 1
37	8 1 9 1 1
38	7 2 7 1 1
39	8 1 1 1 8
40	7 1 1 1 1

C95 10g도 안 넘는 쥐예요

난이도 ★★★⯪☆

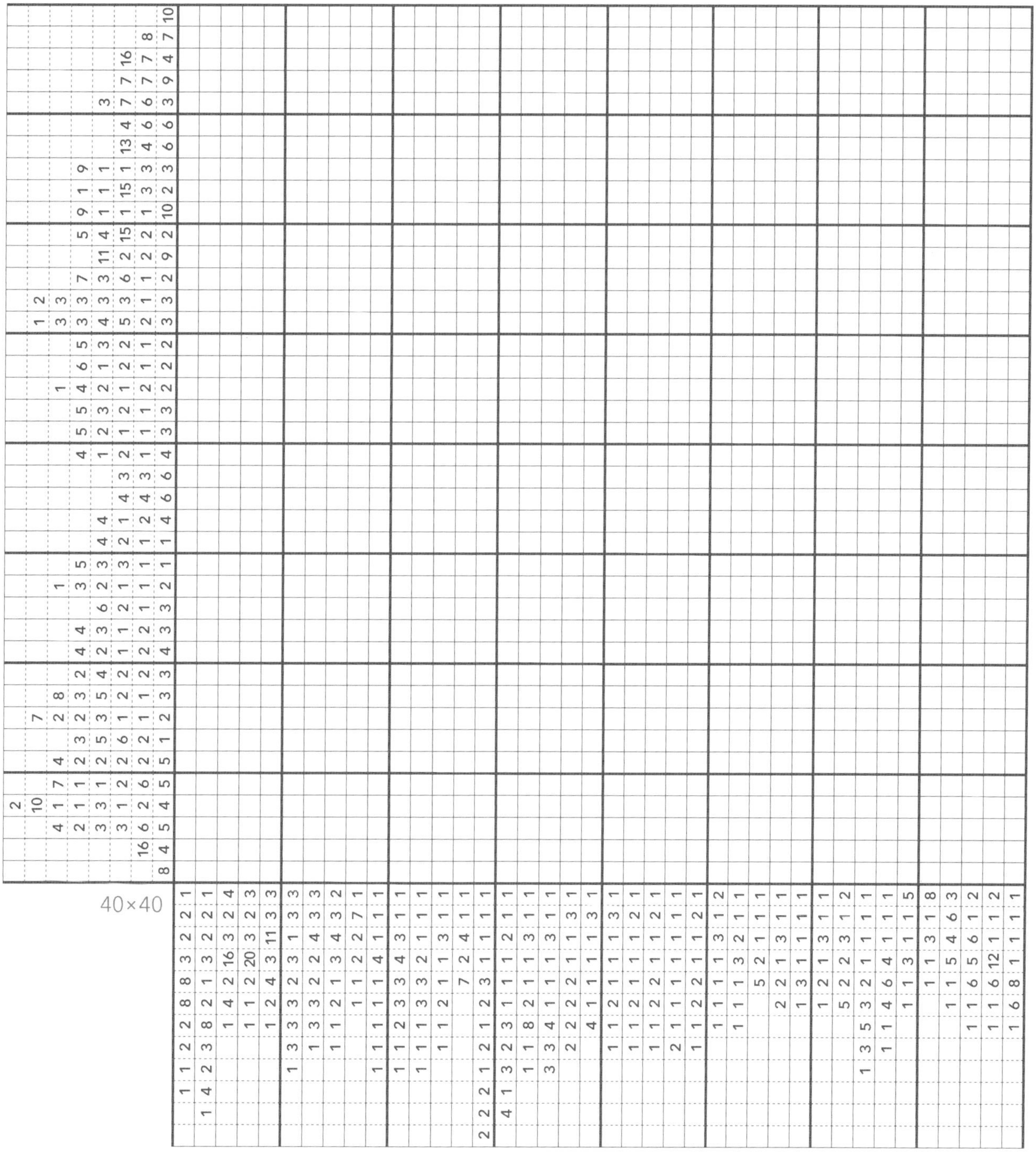

40×40

C96 바나나가 좋아요

난이도 ★★★★☆

40×40

1	1 3
2	4 6 2 2
3	3 3 1 4 2
4	2 4 5 4 1
5	6 2 2 5 2
6	5 1 3 1 5 4
7	3 4 1 1 7 1
8	8 5 12
9	16 5 5 4
10	21 8 1
11	7 2 10 8 3
12	5 18 1
13	5 3 18 2
14	5 2 2 10 2 1
15	5 4 1 1 4 3 3
16	5 3 2 1 2 4
17	6 1 1 5
18	7 1 1 8
19	5 2 1 1 10
20	4 4 1 12
21	3 3 2 1 5 4
22	3 2 1 4 5 3
23	4 4 2 14 4
24	4 3 2 16 3
25	8 1 4 6 2 3
26	8 2 4 5 1 2
27	1 1 6 1 4 3 1 2
28	3 2 3 3 4 2 2 2
29	6 5 1 6 3 1 2
30	7 1 1 6 1 2 2
31	3 3 1 1 2 5 1 2 2
32	4 3 1 2 2 1 2 4 3
33	5 5 5 1 3 3
34	1 1 2 3 1 2 3
35	5 5 2 3 2 4 2
36	4 2 1 1 3 4 5 3
37	3 3 1 4 1 1 3 3
38	7 1 2 2 4 4
39	5 1 2 2 8
40	1 5 6

1	5 7 10
2	6 13 6 5
3	2 3 16 6 5
4	1 22 3 2 2 2
5	4 12 3 3 1 1 3
6	4 6 2 3 4 4
7	3 5 1 4 4 4
8	1 5 2 2 2 1
9	1 4 2 3 1 1 1
10	1 6 2 6 1 1 1
11	5 3 4 1 5 12
12	1 2 2 1 2 1 2 4
13	1 1 4 1 2 3
14	1 1 4 2 2 3
15	2 3 2 1 1 2 1
16	6 2 4 2 2 1
17	4 6 3 6 2
18	5 3 2 2 1
19	14 3 1 5
20	7 5 3 3 3
21	7 11 3 1
22	9 8 3 3 1
23	10 8 1 3
24	7 3 2 5 2 2
25	6 3 2 5
26	6 4 2 1 1
27	2 2 3 6 3
28	2 1 4 9 2
29	1 1 1 20
30	2 1 20 4 3
31	2 11 10 2 1 5
32	4 6 4 2 1 1 7
33	7 4 1 2 3 3
34	7 3 1 2 2 2
35	7 3 2 3 2
36	3 1 4 4 3
37	1 1 1 5 5
38	1 1 3 7 8
39	3 1 1 19
40	5 12

C97 머리로 노래해요

난이도 ★★★★☆

40×40

								1											7
			5	1				1											3
			4	6	6	5	3	1	1	2						7	7	8	2
3		12	4	2	2	2	3	4	6	6	5	5			7	1	1	4	1
5	14	4	1	2	5	5	5	2	2	2	2	5	7	9	6	2	2	1	2
5	3	3	3	6	2	2	3	2	3	6	13	2	5	3	2	4	4	2	2
9	2	2	1	1	1	1	1	1	2	2	4	17	18	18	20	15	13	11	8

	7																		
7	1	6																	
4	1	1		5	5	7							5						
3	1	1	6	4	1	1						1	1	7	6	3			
1	1	1	3	2	2	1	8				2	2	1	2	1	6	11	8	
2	1	1	3	2	1	1	1	9		8	9	3	1	1	2	2	2	4	3
1	1	1	1	2	2	2	6	3	14	2	4	1	6	1	1	2	1	2	9
5	2	2	3	2	1	1	2	7	13	18	14	15	3	3	3	2	3	3	19

							9	7	8
					4	3	12	1	7
							8	15	8
						6	17	4	3
							7	18	6
					3	2	12	6	6
					5	10	6	1	4
						5	8	6	5
					4	4	5	2	1
						3	13	8	4
		3	3	2	2	2	2	4	3
			3	6	2	6	5	3	2
2	2	2	1	4	1	3	1	1	2
		2	1	7	1	1	1	1	1
					1	10	2	3	3
							9	3	2
					1	6	2	4	2
		1	3	1	1	1	2	2	1
				4	1	2	6	2	3
					1	2	2	2	6
			2	2	5	2	1	2	2
			4	2	3	5	1	6	2
		1	6	3	2	1	2	2	1
			2	3	5	2	3	5	1
				1	5	2	2	3	1
			2	6	2	2	3	1	1
					1	7	3	6	1
					2	8	1	6	1
					1	8	3	6	2
				2	10	1	2	7	3
						1	12	2	11
						1	10	9	1
				1	1	9	4	2	1
					1	1	8	4	1
					1	1	8	4	1
					1	1	9	4	1
						1	10	4	1
						2	10	4	1
						2	13	4	1
							20	4	1

C98 악몽을 잡아주는 장식품

난이도 ★★★★☆

40×40

Column	Clues
1	4
2	4 2 1
3	7 2
4	2 2 3 1 4
5	3 1 1 1 2 2
6	5 2 1 1 1 1 3
7	2 5 1 1 4 1 4
8	2 5 1 2 1 1 1 3 2
9	3 5 1 4 1 2 3 4
10	3 5 1 2 1 2 1 4 4
11	1 3 4 2 1 3 4 4
12	1 5 3 1 1 2 4 5
13	2 5 1 1 1 1 4 5
14	2 5 3 9 2 2 4
15	2 5 3 12 2 2 4
16	2 5 1 7 5 2 3 4
17	3 4 5 1 1 3 1 3 4
18	3 4 9 2 2 1 4 4
19	3 3 3 1 2 8 4 3
20	3 1 4 1 4 1 3 4 2
21	3 1 4 2 2 2 3 4 3
22	2 3 3 2 2 1 2 4 2 1 1
23	1 1 1 3 10 5 1 3
24	1 3 3 1 9 3 3 1
25	3 1 3 9 3 3 1 1
26	3 3 3 2 8 5 3 1
27	1 1 1 4 1 2 1 4 1 1
28	3 3 4 2 2 2 3 1 5
29	1 1 1 3 1 4 1 4 7
30	3 1 4 3 8 9
31	1 1 8 2 3 6 1
32	1 4 5 2 6 7 1
33	7 12 5 2 2
34	10 7 4 2 3
35	12 1 1 4 1 2
36	1 2 5 3 4 2 1
37	4 6 1 14
38	1 1 4 1 3 1 3 2 3
39	3 2 2 3 1 3 2 5
40	1 1 1 3 1 3 5 1

Row	Clues
1	10 2 3 3 2
2	18 6 2
3	5 2 3 3 3
4	1 5 6
5	13 3 3 6
6	15 3 8 2
7	11 3 3 4 3
8	7 3 2
9	5 5 5
10	8 2 9 4
11	27 5
12	9 2 5 5 3 2
13	6 7 3
14	2 3 2 2 3 4
15	3 4 4 3 3 3
16	5 1 2 1 1 1 3 2
17	2 6 4 1 1 7
18	2 2 5 3 4 2 2
19	8 3 2 5 8
20	3 2 2 2 7 3 5
21	2 7 10 4
22	1 3 2 2 4 2 3
23	1 5 3 2 3 3 5
24	3 4 6 2 1 1 6
25	3 7 4 3 1 2
26	2 2 3 1 2 4
27	1 3 4 4 4 5
28	6 7 6 7
29	2 4 2 12 8
30	23 6
31	9 6 5 2
32	8 4 4 3
33	2 8 3 5 1 2
34	11 7 4 1
35	2 1 6 3 4 2 1
36	6 6 1 2
37	11 3 3 2 4
38	13 8 6
39	14 3 3 4
40	7 6 1 1

C99 꿀을 찾아다녀요

난이도 ★★★★☆

40×40

Column	Clues
1	3 12 3
2	3 16
3	3 4 5 9
4	1 5 2 15
5	1 3 3 2 8 4
6	3 2 3 4 1 12
7	3 5 2 2 5 6
8	3 4 2 2 1 13
9	1 6 1 2 1 2 11
10	2 6 1 2 1 8 1 2
11	1 5 1 2 1 4 2 1 1
12	2 5 4 2 1 2 3 1 2 1
13	7 4 8 1 1 1 2 1
14	8 1 2 4 1 1 1
15	6 2 2 2 2 3 3 1
16	6 1 7 2 1 2
17	7 2 1 2 8
18	8 2 1 2 8
19	9 5 9
20	12 3 9 1
21	4 3 1 1 3 8
22	3 5 8 4 3
23	2 5 3 3 5 7
24	1 3 12 3 3 6
25	1 4 6 4 4 6
26	1 2 6 4 2 7
27	2 2 3 2 5 3 8
28	3 2 3 12 3 2 3
29	4 2 2 9 3 3 2
30	3 2 2 1 4 4 5 2
31	1 1 1 1 1 5 1 3 2
32	2 2 2 1 7 2 1 2
33	2 2 2 9 3 1 1
34	2 1 1 7 6 2 1
35	2 1 2 1 4 2 3
36	3 2 2 7 3 2
37	3 2 10 3 1
38	3 3 8 5 1
39	4 4 3 5 2 1
40	8 9 4

Row	Clues
1	3 7
2	5 3 3
3	3 3 2 3 6
4	3 2 2 1 11
5	6 1 2 1 3 4
6	3 2 7 1 2 2 3
7	11 1 1 2 2
8	13 1 1 2 2 1
9	17 1 1 2 1
10	17 1 1 2 1
11	2 2 9 2 1 3 2
12	1 2 3 5 1 1 2 2 2
13	5 5 4 1 1 1 3 3
14	3 1 2 1 7 2 2 3
15	4 2 3 3 1 2 4
16	1 2 1 4 1 5
17	1 1 1 2 10
18	2 5 2 6
19	2 3 3 3 7
20	3 3 2 3 4
21	7 3 3 2 2
22	2 5 3 3 2
23	3 1 2 3 3 2
24	1 6 1 4 3 3
25	2 1 1 1 1 5 4 4
26	4 1 1 1 1 5 3 5
27	4 5 1 1 6 4 3 1
28	5 6 4 5 4 4 1
29	8 2 5 3 5 5 1
30	16 2 8 5 2
31	2 7 1 1 1 6 5 2
32	10 4 2 2 5 3
33	6 4 8 6 1 5
34	23 5 7
35	9 11 3 4
36	4 7 13 2 2
37	8 2 1 5 5 4 2
38	9 3 12 2 1
39	10 4 12 2 1
40	6 18 14

C100 이렇게 간편할 수가!

난이도 ★★★★☆

45×45

Column clues (left to right, top to bottom):

Col	Clue
1	6
2	11
3	1 9
4	2 4 3
5	1 3 3 2
6	4 3 1 1 2
7	2 1 3 3 2
8	6 3 3
9	6 9
10	5 7
11	2 4 5
12	3 4 2 1
13	6 6 8 2
14	3 1 5 12 2
15	3 5 2 1 14 1
16	2 1 4 5 1 18 1
17	1 1 3 1 2 1 6 7 1
18	2 1 1 2 2 1 1 1 5 1
19	1 1 1 5 1 2 5 2 1 1
20	1 1 1 2 2 1 1 1 7 1 1
21	1 1 1 3 1 1 1 1 8 1 1
22	1 1 1 2 2 2 1 1 1 9 1 1
23	1 1 1 1 1 1 3 14 1 1
24	1 1 3 1 2 1 13 1
25	1 2 3 2 2 2 7 1 1
26	1 1 5 2 1 5 7 1
27	1 1 3 2 2 4 1 1 1
28	2 2 4 3 1 4 1 1 1
29	1 3 3 2 4 1 1 1
30	2 6 3 4 1 1 1
31	2 1 12 1 4 1
32	3 2 1 1 2 1
33	7 14 3 5
34	2 3 2 7
35	1 5 9
36	1 5 4 3
37	1 4 3 3 2
38	1 4 3 1 1 2
39	1 4 3 3 2
40	1 5 4 3
41	1 5 9
42	1 5 8
43	1 3 2 6
44	2 3 2 1
45	11 5

Row clues (top to bottom):

Row	Clue
1	11
2	3 3
3	2 2
4	2 2
5	12 1
6	2 4 2
7	1 9 2 1
8	1 2 4 1 1
9	1 5 6 2 1
10	1 2 2 2 4 1 1
11	3 3 1 1 1 1
12	2 5 2 1 1 2
13	5 4 5
14	1 2
15	1 2 2 2
16	2 3 2
17	3 5
18	8 2 11
19	2 1 2 2
20	11 2 1 1
21	5 1 1 1 1
22	4 1 2 1 1 1
23	3 4 3 1 1 1
24	5 7 1 1 1
25	2 2 1 1 1 1
26	1 3 1 1 1 1
27	1 4 1 1 1 1
28	2 4 9 1 1
29	3 1 3 10 1 2
30	6 4 11 12
31	1 4 4 25
32	1 3 4 7 11
33	7 4 6 8
34	3 3 6 17 4
35	1 6 5 1 2 2
36	1 4 6 5 1 2 5 2
37	8 12 1 2 8 1
38	10 6 1 1 1 10 1
39	4 4 4 1 1 1 4 4 1
40	3 3 5 16 3 3 5
41	3 1 1 3 2 3 1 1 3
42	3 3 3 22 3 3
43	4 4 4 4
44	9 9
45	7 7

C101 나무를 쪼는 소리가 시끄러워요

난이도 ★★★★☆

45×45

Column clues (top to bottom)

Column	Clues
1	45
2	11 12 6
3	3 11 6
4	9 1 4 7
5	8 2 13 8
6	3 7 9
7	2 2 12 9
8	6 2 1 1
9	2 7 7 6
10	5 2 1 5 2 11 3
11	4 1 2 1 3 4 4
12	7 4 4 2 3 3
13	1 2 2 1 9 13
14	6 2 1 2 8 2
15	8 1 2 2 2 2 6 3
16	7 1 29
17	6 2 7 3 9 1
18	3 2 3 2 1
19	3 15 1 2
20	3 3 5 1 2
21	5 5 3 2 3
22	2 5 2 2 1 3
23	1 2 3 2 7 2 1 3
24	2 2 2 2 12 2 2 2
25	3 4 6 6 3 2 2
26	4 3 4 3 1 17
27	4 4 5 3 3 15
28	4 4 5 3 3 14
29	4 6 2 3 2 7
30	4 4 6 2 3 2 3 2
31	16 3 2 2 3 2
32	3 8 2 2 6 2
33	2 7 8 2 1 5
34	1 9 2 2 7
35	1 1 2 8
36	14
37	4 4 14
38	26
39	7 8 6
40	7 8 7
41	6 9 7
42	6 9 7
43	8 7
44	8 6
45	5 6

Row clues (left to right)

Row	Clues
1	1 3 3 4
2	1 3 1 3 4
3	1 3 1 3 4
4	1 2 1 3 4
5	1 2 1 1 1 4 6
6	1 2 1 6 9
7	2 2 1 3 2 2 8
8	2 2 2 2 1 2 10
9	4 2 2 4 2 4
10	3 2 2 8 2 1
11	3 2 2 8 2 1
12	3 2 3 7 2
13	7 2 2 4 2 1
14	3 3 3 2 3 3 2
15	3 4 2 1 3 4 3
16	3 1 2 3 1 4 2 3 4
17	3 1 1 2 1 3 3 9 4
18	1 1 3 2 1 2 3 11 5
19	1 1 3 2 1 1 11 4
20	1 3 1 1 3 1 3 8 4 2
21	1 3 2 3 1 3 7 4 4
22	1 3 2 2 1 4 3 1 3 5
23	1 3 2 2 2 1 2 2 2 2 6
24	1 3 2 2 2 1 2 3 4 8
25	2 1 1 4 4 2 8 8
26	2 1 1 3 4 3 4 2 8
27	2 1 1 3 1 1 4 2 8
28	2 1 1 4 1 2 7 7
29	2 1 2 4 2 8 1 5
30	2 2 1 5 2 3 2 4
31	4 2 6 3 2 3
32	4 2 1 5 7 3
33	4 2 1 1 4 6 1 7
34	4 1 2 1 2 6 4 8
35	3 1 2 1 3 10 10
36	3 1 1 1 3 6 12
37	1 2 2 1 3 5 3 10
38	1 4 2 1 3 5 2 11
39	1 4 1 1 3 8 5 6
40	2 4 1 1 1 3 4 5 5 5
41	2 4 1 1 6 4 6 1
42	2 4 1 1 1 3 6 6
43	2 3 5 2 8 6
44	2 3 7 5 3 5
45	2 2 8 6 3 4

C102 신나는 음악을 틀어주세요

난이도 ★★★★☆

45×45

Column clues (left to right, read top to bottom):

Column	Clues
1	7 8 20
2	2 2 7 5 1 6
3	5 2 3 4 1 3 1
4	4 6 5 2 2 1
5	3 5 6 1 1 3
6	3 4 7 1 1 1 3
7	2 4 6 1 4 2 1
8	1 3 5 4 3 2 1 3
9	3 5 8 3 1 1 3
10	3 4 2 6 1 1 1
11	8 5 7 1 1 3
12	4 9 1 5 2 1 3
13	2 6 4 4 1 1 1
14	1 9 3 2 1 2 1
15	1 11 6 1 2 3
16	1 9 4 1 1 2
17	1 9 1 1 2 2
18	2 8 1 1 1 1 2
19	2 8 2 3 4 1 1
20	3 8 2 1 4 4 1 1 3
21	2 8 4 1 3 2 1 1 3
22	2 6 5 2 3 2 1 2 2
23	1 2 6 2 9 2 2 3
24	2 2 6 4 4 2 1 2
25	3 2 8 2 2 2 2
26	3 2 5 2 2 6
27	3 2 1 1 2 1 3
28	1 3 2 2 2 2 2 3
29	2 3 4 1 2 2 5
30	2 3 2 15 2 2 5
31	3 3 2 2 4 2 5
32	2 3 2 2 6 3 2 2 2
33	3 5 2 8 3 2 2 2
34	3 3 2 3 3 3 3 2 2 2
35	3 4 2 5 2 2 2 3 2 2 2
36	5 4 2 2 2 4 2 3 2 5
37	3 2 1 5 2 4 2 6 5
38	2 2 1 5 2 2 2 1 1 5
39	1 1 1 3 1 3 3 3 1 1 3
40	5 5 1 9 7 3
41	2 3 5 1 7 1 2 1 3
42	1 4 2 2 2 2 1 1
43	1 2 3 20 2 3 1
44	2 8 18 3 3 2
45	3 5 16 4 1 3

Row clues (top to bottom, read left to right):

Row	Clues
1	1 2 3 2 1 4 4 4
2	7 3 2 4 6 4 2
3	6 5 4 4 8 1 1
4	1 3 3 3 2 2 4 5 2 2
5	3 3 8 2 4 3 6
6	2 3 2 2 5 1 5
7	1 4 2 2 6 1 1
8	4 2 7 2 4 7
9	4 2 10 2 3 2 3
10	2 2 2 12 2 2 1 8
11	4 2 14 4 6 2
12	4 3 15 3 2 3 1
13	3 3 16 2 1
14	2 2 18 2
15	2 3 11 3 10
16	1 2 2 4 2 2 3
17	1 3 4 2 1 2 4 3
18	2 3 1 1 3 3 2 6 3
19	3 2 2 2 3 2 2 3 3
20	6 1 1 1 3 6 3
21	4 7 3 3 1 4 3
22	3 3 3 4 2 1 3
23	3 4 3 5 1 7 3
24	2 5 7 2 1 9 3
25	1 4 2 3 2 1 3 3 3
26	2 7 2 3 1 2 2 2 3
27	2 5 4 1 2 4 2 3
28	1 1 1 2 4 2 3
29	1 1 2 1 2 2 2 3
30	1 1 1 1 3 3 3
31	4 2 2 1 8 3
32	1 5 1 1 6 3
33	1 2 2 2 3
34	1 1 1 13 1
35	1 3 19 1 2
36	1 5 19 6
37	1 8 1 6
38	2 5 10 1
39	4 18 2
40	7 2 3 2 6
41	3 11 3 1 10 2
42	2 5 19
43	15 4 7 7 1
44	1 2 2 2 8 16 2
45	1 2 2 2 4 10 3

C103 먹고 싶으면 잡아봐요!

난이도 ★★★★☆

45×45

Column clues (top to bottom)

Column	Clues
1	12 4 12 1 3
2	12 4 10 1 5
3	12 4 8 3 3
4	12 4 5 1 2 2
5	12 4 4 2 2 1 4 1
6	12 4 3 3 3 1
7	12 7 6 1 2 1
8	12 4 2 2 2 2 2
9	3 3 2 3
10	12 2 2 3 4
11	12 2 3 4 1 2 2 2
12	12 2 4 6 3 2
13	12 2 3 6 2 2
14	2 2 4 7 2 2
15	5 5 4 2 2
16	2 3 2
17	2 2 2 6 4 3 2
18	10 2 8 2 14
19	1 4 1 1 5 2 1 1 3
20	1 1 1 1 1 5 1 1 2 3
21	1 1 1 1 1 5 3 1 3
22	10 2 6 3 1 1 3
23	2 2 2 10 4 5 3
24	1 1 1 1 1 4 1 2 1 3 3
25	1 1 1 1 1 4 1 1 1 3 4
26	10 2 3 2 4 4 3
27	2 2 2 8 2 2 3 1 3
28	3 2 2 1 2 1 4
29	3 2 1 2 1 4 3 3
30	5 3 4 1 1 2 3 4
31	3 1 3 5 2 2 1 3 4
32	5 2 1 11 9 3
33	6 1 1 1 9 6 1 4
34	6 2 1 1 2 1 3
35	7 1 1 1 2 3 4
36	9 7 4 2 3 4
37	10 9 7 3 3
38	7 2 4 1 11 4
39	15 1 7 1 1 4
40	8 4 1 6 1 1 3
41	4 3 1 8 2 3 3
42	3 11 3 3 4
43	2 12 3 3 3
44	3 9 4 3 3
45	15 6 1 3

Row clues (left to right)

Row	Clues
1	8 4 7 5
2	8 4 2 6 8
3	8 4 1 1 2 10
4	8 4 7 1 11
5	8 4 3 6 12
6	8 4 2 1 2 12
7	8 4 7 1 1 6
8	8 4 2 6 4 5
9	8 4 1 1 2 2 1 2 2
10	8 4 7 1 1 1 2
11	8 4 1 5 2 1 2
12	8 4 2 2 1 3 3
13	7 2 3 2 4
14	13 1 7 4 6
15	14 2 2 2 1 7
16	9 2 11 2 3 2
17	8 1 10 3 2 2
18	1 1 11 3 2 1
19	1 2 8 6 2 1
20	4 2 4 5 4 2 1 1
21	6 2 1 3 4 2 1 1
22	7 1 2 3 5 2 10
23	7 2 1 1 3 7 2 2 4
24	5 2 2 1 2 3 7 4
25	3 2 1 2 6 5 5
26	3 1 1 2 1 3 2 5
27	3 1 2 1 1 3 7
28	2 1 1 1 1 15
29	2 3 1 2 2 5 10
30	1 2 1 1 3 3 2 10
31	1 1 4 4 5 2 8
32	3 5 4 4 5 6 1
33	1 5 2 6 8 2
34	4 4 3 4 4 5 4
35	2 6 5 6 8
36	1 1 2 1 8 4 4 5
37	1 2 2 1 9 6 1
38	2 4 2 1 9 4 4
39	3 4 1 9 6
40	1 2 2 1 9 4
41	2 2 1 10
42	2 2 1 10
43	2 2 1 11
44	3 11 8
45	17 4

C104 왕의 행진곡

난이도 ★★★★☆

45×45

Column	Clues
1	6 3 3
2	2 3 1 2 5
3	2 1 2 2 1 3
4	1 2 2 2 10 3
5	1 4 2 2 10 3
6	1 4 2 3 2 1 1 1 3
7	2 2 2 3 2 1 1 1 3
8	13 2 10 3
9	18 2 9 1 3
10	1 2 18 1 1 1 1 3
11	2 1 20 1 3 3
12	2 2 17 1 1 1 1 3
13	1 1 7 2 1 1 1 1 3
14	2 5 2 1 1 3 3
15	3 6 2 9 1 3
16	5 2 4 2 8 1 3
17	1 2 2 2 2 1 3 3
18	4 1 2 2 2 1 1 1 3
19	1 2 1 2 8 1 3
20	6 4 10 3
21	3 2 4 2 1 1 1 3
22	1 2 2 1 2 13
23	2 3 2 2 2 1 6
24	3 2 1 2 8
25	3 2 1 2 2
26	5 7 11
27	10 6 4 9
28	4 5 7 4 6
29	1 3 4 1 13
30	1 2 2 4 5
31	1 2 2 1 8
32	1 3 1 3 10
33	5 3 5 22
34	21 20
35	14 4 8
36	6 1 5 2
37	4 1 6 1
38	3 1 4 2 5
39	2 2 2 3 1
40	2 1 3 2 10
41	5 2 4 1 1 4
42	2 10 1 1 1 1 4
43	19 2 1 8
44	17 2 3 2 8
45	13 8 3 4

Row	Clues
1	5 2 2 1
2	2 2 2 2 3
3	2 2 9 3
4	1 2 3 3 3
5	1 2 4 2 3 3
6	1 6 2 2 2 3
7	1 6 3 2 2 3
8	2 2 2 3 14 3
9	1 4 4 18 3
10	11 3 2 8 7 4
11	3 2 3 1 1 2 3 1 1 4 4
12	3 1 1 1 4 1 2 1 3 4
13	7 8 1 3 4
14	8 2 8 2 5
15	5 6 5 3 5
16	5 3 2 2 8 4
17	5 1 11 3 6
18	5 1 2 3 1 3 4
19	5 2 1 7 2
20	4 1 1 5 1 1 2
21	3 1 1 1 1 2 1 2
22	3 2 2 5 1 1
23	3 2 16 1
24	3 3 2 12 4 1
25	2 3 4 12 2 1
26	16 12 2 1
27	17 2 1 3 4 1
28	2 3 2 2 1 3 4 2
29	2 3 3 1 3 1 2 1
30	3 1 2 1 3 3 1 2
31	1 7 1 1 3 1 3
32	9 1 10 1 2 1 1
33	8 8 1 1 2 1 1
34	2 9 2 1 1 1 2 3
35	2 2 2 2 3 1 3 5
36	6 9 1 3 1 2
37	2 2 2 2 2 2 3 1 1
38	2 2 2 2 2 1 3 6
39	20 1 3 1 2
40	2 1 1 1 1 1 2 1 3 1 2
41	21 1 3 1 2
42	1 1 1 3 6
43	22 1 5
44	22 1 5
45	21 1 5

C105 만유인력의 법칙을 발견했어요

난이도 ★★★★☆

45×45

Column clues (left to right, read top to bottom):

2 3 3 11
2 5 1 3 3 11
3 5 2 5 3 1 6
5 3 2 5 4 4 5
3 5 9 6 6 4
2 3 4 1 3 4 2 6 4
3 4 3 3 2 1 4 4
4 3 1 2 2 3 4
3 4 1 4 5
3 4 2 4 1 6
3 4 4 5 6 11
2 7 1 6 11
3 8 3 5 2 4 9
2 6 2 2 3 8 2
3 5 2 4 3 3
3 5 1 7 3
2 5 3 1 2 11
5 5 2 2 2 5
8 3 1 3 1 5
5 6 2 2 2 2 4
5 5 3 1 1 1 7
5 3 6 1 4 3
5 3 2 2 2 1 2
5 5 2 5 2 3
5 8 2 2 7 3
5 3 1 12 10
4 1 8 3 1 1 1 4
4 2 2 2 15 1 4
4 1 2 4 6 1 1 3
5 1 1 2 1 3 1 2 6
5 4 2 5 2 4 2
7 2 2 2 1 1 2
6 2 2 1 2 4 1 2
6 1 1 3 2 2 2 2
6 2 4 6 2 1 2
6 3 2 2 6 3 1 2
8 4 8 4 1 2
9 16 2 2
11 1 4 3 1 3
16 3 1 2 2 3
21 1 8 4
20 7 5
26 8 6
38 5
38 6

Row clues (top to bottom, read left to right):

2 3 10 4 3
5 6 15 4 3
8 4 23 3
9 25 3
1 20 16
4 15 14
3 2 9 18
6 9 3 1 10
6 8 2 1 1 8
4 8 4 2 5 7
8 2 3 1 2 4 7
8 1 6 1 2 2 6
6 6 1 1 1 6
2 1 1 4 1 3 3 2 6
1 1 1 1 3 2 1 6
4 1 1 2 1 1 1 6
4 1 1 3 1 2 2 5
6 1 2 1 3 2 5
6 1 1 4 2 2 2 1 5
4 1 3 3 2 2 2 6
5 2 21
5 1 3 3 1 1 2 6
2 1 4 6 6 5
3 1 1 3 6 4 4
2 4 1 2 4 5 3
3 3 2 1 3 5 3
4 4 1 4 1 1 5 2
5 6 2 2 1 1 8 2
6 6 1 1 1 1 2 1 2
1 2 4 3 2 1 1 1 1 2
2 2 5 1 1 2 1 3
1 2 3 1 9 4
1 7 11
1 3 2 10
3 4 5 3 3 1 2 5
2 3 2 4 2 1 6 1 5
2 4 1 4 2 5 2 5
2 6 4 2 2 3 1 5
2 6 5 1 1 1 1 1
3 4 6 1 1 1 3 2 3
4 7 3 2 1 1 3 3 4
14 6 3 1 5 5
13 8 8 7
12 8 9 13
12 7 8 11 1

C106 기름 없이 달려요~

난이도 ★★★★☆

45×45

Column clues (top to bottom)

Column	Clue
1	2 1 2
2	2 7 2
3	2 8 2
4	13 2
5	12 2
6	2 6 1 2
7	2 1 1 1 2
8	2 1 1 1 2
9	2 1 1 1 2
10	5 3 2
11	5 4 2
12	2 1 1 2 5
13	2 2 1 1 2 4
14	4 1 1 2 6
15	3 1 1 1 7
16	2 1 1 1 7
17	2 5 2 1 1 2 4
18	2 2 2 1 1 1 1 4
19	3 2 2 2 1 2 1 4
20	2 1 2 2 2 2 4 2
21	2 1 3 1 6 3 1
22	2 2 2 2 6 1 3
23	1 1 2 1 1 1 3 1 3
24	1 2 1 4 2 2 3 4 3
25	7 2 3 2 1 1 2 4 3
26	5 2 1 2 1 4 4 3
27	5 3 2 1 2 4 3
28	13 1 1 1 4 3
29	7 1 1 5 1 2 5 3
30	8 1 1 6 3 3 3
31	6 2 6 4 4 3 3
32	6 1 2 1 1 2 4 1 2 3
33	3 4 1 3 2 3 2 1 1 3
34	2 2 2 3 1 3 9 2 4
35	7 2 3 3 9 2 5
36	3 2 2 1 2 1 2 2 3
37	2 3 2 2 1 2 2 1
38	2 14 3 2 4
39	1 8 5 2 6
40	13 6 2
41	1 2 2 6 2 2 1
42	1 1 2 8 2 1
43	1 2 8 3 2
44	2 8 7
45	2 1 5

Row clues (left to right)

Row	Clue
1	6
2	10
3	11
4	8 2
5	15
6	17
7	2 1 3 1 1
8	1 2 1 1 1 1 2
9	4 3 1 1
10	2 3 4 1 1
11	4 2 2
12	4 4
13	2 4 1
14	1 2
15	2 1 1 1
16	2 1 1 1 2
17	1 2 1 1 3 4
18	2 1 2 1 8 1
19	2 1 5 5 2
20	2 1 1 1 6
21	2 1 1 3 4
22	1 3 10
23	2 6 2 3
24	4 1 3
25	17 4 1 3
26	16 3 10 6
27	2 2 2 15 6
28	2 2 2 2 2 1 1 2
29	10 4 2 2 1 2 2
30	4 3 3 1 2 1 1 2
31	5 4 2 1 2 2 1 2
32	5 3 2 2 2 2 1 1 2
33	5 7 2 2 1 2 1 5
34	10 6 9 2
35	4 11 1 2 2 1
36	12 2 1 2 1 1
37	3 6 1 2 2 2 1
38	2 2 7 2 3 1
39	2 3 2 8 2 2 5
40	1 8 11 2 7
41	5 13 2 3 3
42	8 2 2 2 2
43	25 2 2 2
44	11 8 15 3 3
45	11 6 16 6

C107 대답해 드리는 게 인지상정

난이도 ★★★★☆

45×45

Column	Clues
1	3
2	4
3	5
4	4
5	7
6	7
7	6 4
8	9 3 2
9	2 5 2 3 2
10	1 6 2 2 1
11	1 3 1 1 4 2 2
12	8 6 1 2 1 1
13	9 1 4 3 1
14	6 2 6 2 5 2 1 2
15	4 2 1 4 4 3 6
16	2 4 1 1 4 1 10
17	3 3 1 2 5 3
18	4 2 1 1 5 2 1 2 2
19	6 2 2 2 2 1 7
20	6 3 1 2 1 7
21	10 13 8
22	11 1 2 13
23	8 13 3
24	5 7
25	3 7
26	3 3 6 2
27	5 2 11
28	6 1 1 8 2
29	9 2 5 11 3
30	3 1 2 2 3 1 14
31	4 2 2 5 5 1 11
32	4 2 1 5 2 1 1 11
33	4 2 1 1 1 3 2 1 10
34	3 2 1 1 2 3 1 10 3
35	3 1 1 5 2 2 3
36	4 3 2 1 2 1 1 3
37	6 4 2 1 1 3
38	9 2 2 1 1 3
39	8 1 10 1 6
40	7 1 2 9 7
41	7 3 4 13
42	7 3 6 9
43	8 15 7
44	12 9 5
45	9 6 4

Row	Clues
1	3 4 10
2	11 15
3	12 18
4	4 6 4 3 9
5	2 6 6 4 8
6	3 2 2 4 7 5 2 9
7	6 1 2 1 1 5 2 1 1 8
8	10 2 1 5 1 2 9
9	13 3 6 2 2 4 4
10	9 4 5 2 3 3
11	7 7 1 4 3 2
12	4 2 3 4 2
13	2 3 1 2 5 1 3
14	2 4 1 1 2 2 5
15	2 1 6 1 2 1 6 1 3
16	3 2 3 1 1 1 2 2 1 2
17	1 5 5 1 2 2 1 1
18	2 1 3 7 2 1 1
19	1 1 1 2 5 15
20	1 2 6 15
21	19 1 1 4
22	9 2 4 3 5 4
23	1 1 1 1 2 5 3 1 3
24	12 4 2 4
25	2 1 2 5 1 3
26	2 1 1 4 1 3
27	2 1 1 3 1 3
28	1 2 1 1 1 2
29	2 2 1 1 5 1
30	1 3 1 7 1
31	2 2 1 1 1 2 1
32	1 2 1 1 1 3 2
33	1 4 2 1 1 1 1
34	2 2 1 1 1 2 1
35	2 2 1 5 1 3
36	3 3 1 5 5
37	7 1 5 5
38	3 2 5 5
39	6 5 5
40	5 4 5
41	4 4 5
42	5 5 5
43	5 6 5
44	6 7 5
45	5 5 4

C108 성냥 속 맛있는 음식이 보여요

난이도 ★★★★★

45×45

Column clues (left to right, top to bottom)

Column	Clues
1	5 14 1
2	8 2 4 12
3	12 2 13
4	11 1 4 10
5	11 2 1 2 9
6	13 1 2 1 8
7	13 2 1 3 8
8	17 3 2 3 8
9	6 7 4 3 3 7
10	4 3 4 4 2 3 7
11	4 4 7 1 1 6
12	3 1 1 6 2 2 6
13	3 1 3 5 1 1 7
14	3 3 3 3 4 2 9
15	3 1 2 5 2 3 10
16	3 3 2 5 1 2 12
17	3 1 3 1 3 1 1 3 3 1
18	4 2 3 3 2 1 2 4 4 1
19	3 2 3 2 2 1 2 11 1
20	4 1 1 2 2 5 8 1
21	12 8 10 1
22	9 7 12 1
23	3 5 6 10 2 1
24	2 3 2 2 3 2 3 3
25	2 3 1 1 3 2 5 1
26	1 2 2 10 1 1 10 1
27	1 3 2 3 1 2 2 2 9 1
28	1 1 2 3 2 4 4 9 1
29	7 5 5 2 1 1
30	3 2 3 2 5 2 1
31	3 1 1 3 11 3
32	1 4 5 4 6
33	3 3 5 6 1 13
34	6 3 2 1 1 8 1 2
35	2 2 1 1 3 3 5 2
36	1 2 1 1 5 1 3 1 1
37	3 4 1 1 2 4 3 1 1
38	4 1 1 2 2 2 3 2 3 1 1
39	10 2 4 1 1 1 4 4 1 1
40	9 1 2 2 1 6 3 1 1
41	2 11 1 1 2 2 3 1 3 1 1
42	10 2 1 1 4 3 4 1 1
43	10 6 9 5 2
44	8 1 8 1 3
45	5 4 2 12

Row clues (top to bottom, left to right)

Row	Clues
1	11 4 2 4
2	15 2 6 6
3	17 2 3 4 2 4
4	9 6 4 1 7
5	8 4 1 3 8
6	8 1 1 2 5 3 8
7	8 1 3 2 2 2 5 8
8	8 4 7 3 7
9	8 2 2 2 6
10	8 5 5 1 3 1 3
11	10 2 2 2 3 1 3 3 1
12	8 2 3 2 2 2 5 1 1
13	7 1 1 1 1 5 3 1
14	2 5 3 2 2 1 2 3 3
15	2 3 2 2 1 3 1
16	2 5 2 1 3 1 3
17	1 14 1 3 1 2 4
18	1 3 6 2 2 1 2 6 2
19	3 9 2 5 2 3 1
20	2 6 4 2 1 2 4
21	2 6 4 2 4 1 3 1
22	2 5 4 3 6 1
23	1 9 1 1 1 3
24	1 4 4 1 1 4
25	1 4 1 5 2 6 1
26	1 5 1 9 3
27	2 3 2 2 8 3 1
28	4 4 6 10
29	4 4 3 12 1 3
30	4 4 3 2 2 3 8
31	2 8 17 3 3
32	3 10 6 9
33	3 7 3 2 3 4 3
34	4 8 3 8 5
35	6 9 3 6 1 2
36	7 4 10 4 6 1
37	15 11 3 9 1
38	15 11 3 9 1
39	21 4 3 2 2 1
40	17 3 2 1 1 1 1 1
41	16 1 3 13
42	12 2 2 2 1 1
43	4 3 2 1 2 2
44	3 8 2 3
45	9 11

D109 몸 안을 볼 수 있어요

난이도 ★★★★☆

40×50

Column clues (left to right, top to bottom):

Column	Clues
1	4
2	2 2 2
3	1 2 1 1
4	2 4 1
5	2 4 2
6	2 3 4 1
7	3 2 3 2 3
8	2 2 2 3 2 9 1
9	19 2 3 5 4 1 1
10	18 3 2 7 3 2 1
11	18 1 4 9 3 1 2 1
12	8 5 2 2 6 2 1 6 1
13	7 4 4 1 1 6 2 3 2 1
14	4 6 2 6 2 2 3 2 8 2
15	3 4 3 1 2 2 3 3 3 3 3
16	2 2 3 1 2 1 2 2 2 2 1 2 9
17	2 1 4 1 1 2 2 2 1 3 10
18	1 1 4 2 1 1 2 1 1 1 2 2 11
19	1 1 3 2 1 6 2 7 1 12
20	1 1 1 1 4 14 1 12
21	1 1 2 1 1 1 1 1 1 1 1 1 2 12
22	1 1 1 2 1 4 14 1 12
23	1 1 3 2 1 6 2 2 4 1 12
24	1 1 4 2 1 1 2 2 2 1 2 2 11
25	1 1 4 1 1 2 2 2 1 3 5 2
26	2 1 3 2 1 2 1 2 1 2 1 2
27	2 2 1 1 2 3 1 4 3 11 1
28	3 4 4 1 4 6 3 2 4 2 1
29	4 6 2 1 1 3 1 6 1
30	6 4 4 2 3 7 3 1 2 1
31	8 6 3 2 8 3 2 1
32	19 2 2 8 3 1 1
33	2 3 3 2 10 1
34	2 3 5 1 3
35	3 2 2 1
36	2 3 3 1
37	2 3 1
38	2 4 1
39	1 2 2
40	4

Row clues (top to bottom, left to right):

Row	Clues
1	24
2	9 7
3	7 8 5
4	6 2 2 4
5	5 2 2 3
6	5 1 1 3
7	5 1 1 2
8	4 2 3 3 2 2
9	3 2 4 4 2 1
10	3 2 4 4 2 1
11	3 2 3 2 3 2 1
12	3 2 3 3 1
13	4 3 2 2 3 2
14	5 1 7 1 3
15	5 2 3 3
16	6 3 3 4
17	7 5 5
18	3 1 1 2
19	1 9 9 2
20	1 3 2 5 2 2 1
21	2 1 1 4 3 1 1 1
22	1 6 5 4 6 2
23	2 1 2 2 5 2 1 2 1
24	1 1 1 8 7 2 1 2
25	1 2 2 1 2 1 1 2 1 1 2 1
26	1 1 2 3 5 2 1 1 1
27	1 1 1 8 5 1 4 1
28	1 1 2 1 1 3 3 2 1 1 1 2 1
29	2 4 1 2 2 2 2 2 2 1 1
30	1 1 1 2 14 2 1 2 1
31	1 6 3 2 2 1 2 3 2 2 1
32	6 1 3 2 5 2 3 7
33	2 1 1 1 3 1 3 3 1 3 1 1 3
34	1 2 1 4 2 7 2 4 1 1 1
35	1 1 6 3 2 2 3 4 1
36	10 2 2 1 2 2 2 5
37	2 2 11 2 1
38	1 2 2 2 1 2
39	1 2 1 5 1 2 1
40	1 2 2 7 2 2 1
41	1 5 8 5 1
42	1 1 2 10 2 1 1
43	2 4 10 4 1
44	2 1 1 10 1 1 2
45	2 1 1 10 1 1 2
46	2 1 1 10 1 1 2
47	2 5 9 6 2
48	1 5 10 6 1
49	1 13 1
50	26

D110 무더운 여름날에 정말 고마워요

난이도 ★★★★★

40×50

열	단서
1	2 2 11 3 1 8
2	2 2 10 1 1 6
3	1 1 9 2 1 2
4	2 1 8 1 6
5	2 2 8 1 2 6
6	2 2 7 1 3 7
7	2 2 5 1 3 10
8	3 2 4 1 1 3 8 9
9	2 2 4 3 4 2 5 2 2 9
10	1 2 6 1 4 3 2 9
11	1 1 18 2 3 9
12	3 4 5 4 2 2 9
13	2 4 4 4 3 3 9
14	2 3 7 3 3 3 9
15	1 3 5 8 3 2 3 9
16	2 8 8 2 2 3 9
17	3 9 7 3 2 3 9
18	2 11 6 2 2 2 9
19	2 11 7 2 2 2 9
20	3 18 3 2 2 3 1 2
21	2 5 2 3 3 2 2 2 3 1 1
22	2 3 1 1 5 2 3 1 2 2 1
23	2 3 9 2 2 2 2 1 1
24	2 6 9 2 1 2 1 2 1 1
25	2 8 10 2 1 2 1 1
26	3 10 2 8 14 1 1
27	3 8 4 7 2 2 3 1
28	2 7 5 5 2 1 3 1
29	3 6 6 3 1 1 1
30	3 6 9 2 2 3 1
31	3 5 9 16 3 1
32	3 3 8 3 1 1 1
33	3 7 3 1 2 1 1
34	4 4 5 1 2 1 1
35	5 6 2 2 1
36	17 2 2 2
37	12 3 1 3
38	1 6 6 2
39	2 5 6 2
40	7 6 2

행	단서
1	4 4 8
2	2 6 3 14
3	4 5 6 6
4	2 4 4
5	2 7 3 4 3
6	5 3 2 7 5 3
7	2 7 7 3
8	6 2 8 9 3
9	9 2 7 9 3
10	12 6 9 3
11	11 6 9 3
12	11 6 6 4
13	7 3 12 2 2
14	6 4 5 2 2 1
15	5 4 3 6 3 1
16	3 2 2 3 1 7 5
17	2 7 2 8 5
18	1 4 3 8 9 5
19	1 1 9 2 7 5
20	1 1 13 6 4
21	2 1 8 5 4 3
22	2 7 6 4 2
23	5 2 5 6 3 3
24	5 3 7 3
25	1 3 4 8 2
26	1 3 2 8 3
27	3 3 3 7 3
28	8 4 5 3
29	6 6 4
30	6 15
31	5 10 1
32	8 3 1 1
33	7 6 3 1 1
34	9 7 1 1
35	1 4 4 1 1
36	1 3 1 1
37	5 6 2 1 1
38	17 1 1
39	1 4 3 1 1
40	1 1 1
41	1 1 1
42	19 10
43	1 16 2 2 6
44	1 14 4 4
45	2 12 2 2 3
46	2 11 2 2 2 2 5
47	2 14 2 2 2 3
48	2 11 14 1
49	3 12 5
50	3 32

D111 항체를 만들어줘요

난이도 ★★★★☆

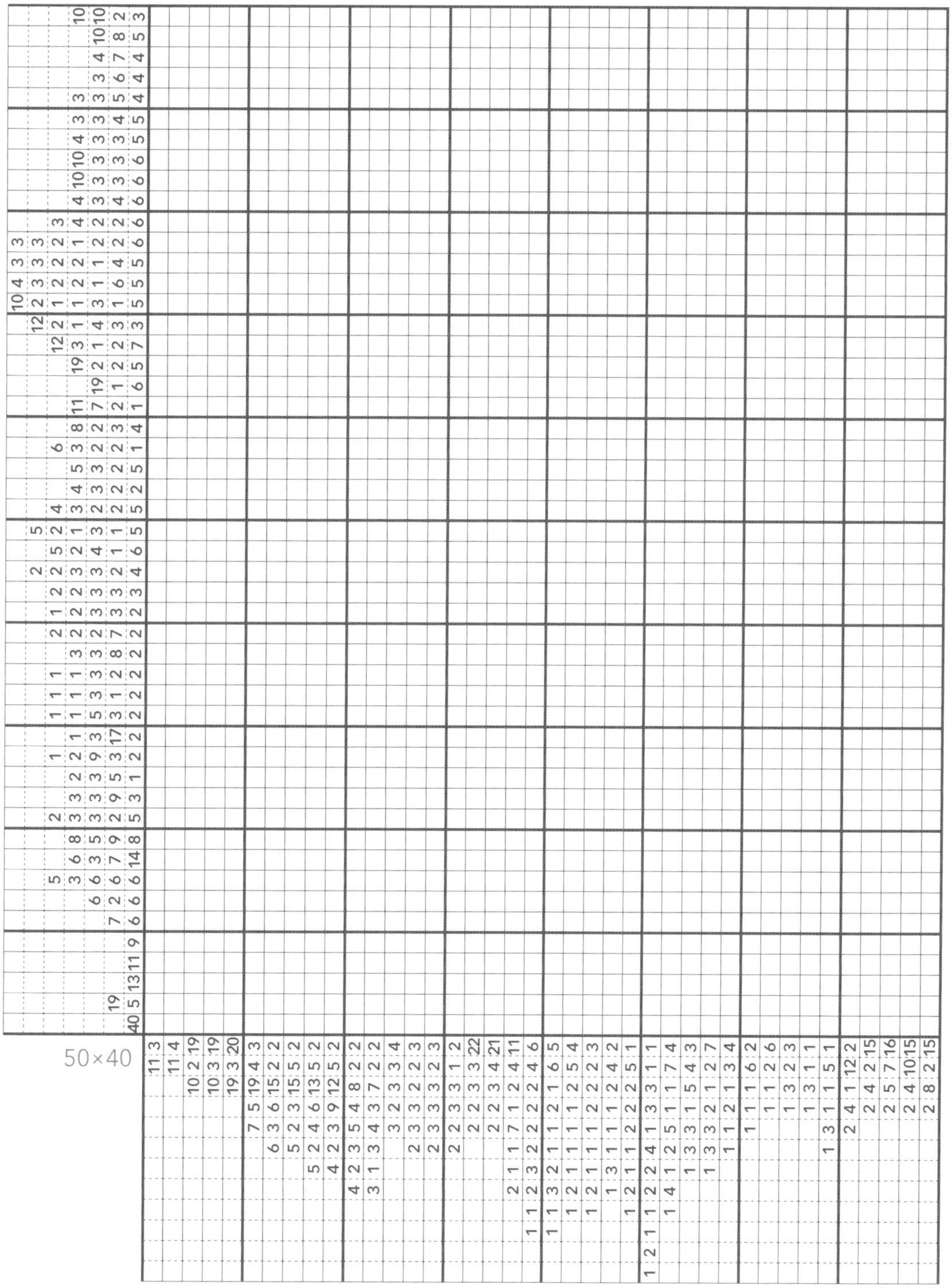

D112 관광명소를 편하게 둘러봐요

난이도 ★★★★☆

50×40

Column clues (left to right, each read top to bottom)

Column	Clues
1	3 2 2 10 2 4 7 2 2
2	5 3 3 6 2 5 5 2 2
3	5 2 2 10 5 2
4	4 5 7 3 3
5	4 4 3 5
6	4 3 2
7	6 32
8	4 34
9	2 1 1 1 1
10	1 2 1 1 1
11	1 2 10 1
12	1 2 1 1 1
13	1 1 1 1
14	1 10 1
15	2 7 2 4 1 1
16	1 1 5 1 3 4 11 3
17	1 1 5 1 10 8 1 1
18	1 1 5 1 1 8 7 1 1
19	1 9 1 5 1 4 1 1
20	1 9 1 2 3 2 2 1 1
21	1 3 2 2 1 1 2 1 1 1 1
22	1 2 2 1 1 1 1 1 2 1 1 1 1 1 1
23	1 2 1 1 1 1 2 3 8 1 1
24	1 3 2 1 8 7 1 1
25	1 1 7 1 5 1 5 1 1
26	2 7 23
27	1 1
28	36
29	34
30	7 4
31	4 2
32	1 4 5
33	1 2 8
34	1 5 5
35	14
36	9 5 10
37	9 4 4 6
38	6 16
39	5 12
40	2 3

Row clues (top to bottom)

Row	Clues
1	6 2
2	7 2
3	8 1
4	8 1
5	3 3 2
6	1 3 1
7	3 1
8	3 20 1
9	4 1 1 1 2 2
10	5 2 3 10 2 2 1
11	2 1 2 3 1 6 1 2 1 1
12	2 2 7 3 2 1 2
13	2 2 6 1 2 2 1 1
14	2 2 8 2 2 1 1
15	2 2 8 2 2 1 1
16	1 2 6 1 2 2 2 1
17	1 2 1 3 3 3 2 1
18	2 2 10 3 1 1
19	2 2 3 1 1
20	3 19 3 4
21	4 2 1 4 1 3 5
22	4 2 1 1 3 5 1 3 5
23	5 2 1 1 4 4 4 5
24	3 2 1 6 1 3 2 6 1
25	4 2 1 6 3 2 1 1 1
26	4 2 1 6 1 3 2 5 1
27	1 2 2 1 7 4 2 4 1
28	2 2 1 1 2 5 1 2 1 3 1
29	2 20 2 1 5
30	2 2 1 1 2 1 5
31	2 2 3 5 1 4 4
32	2 2 5 4 3 4
33	1 2 4 5 3 1 1
34	2 4 4 3 2 1
35	1 2 4 5 2 1 2
36	2 2 3 1 4 2 1 1
37	2 2 3 5 1 2 1 1
38	3 2 2 1 1 2 1 1
39	4 2 1 1 2 1 1
40	5 2 10 2 1 1
41	1 3 2 1 1 2 1 1
42	2 2 1 1 1 2 1 1
43	2 2 20 1 1
44	1 2 1 1
45	1 1 1
46	2 2 1
47	2 1 1
48	2 1 1
49	1 1 1
50	1 1

D113 가끔은 컴퓨터보다 편해요

난이도 ★★★★★

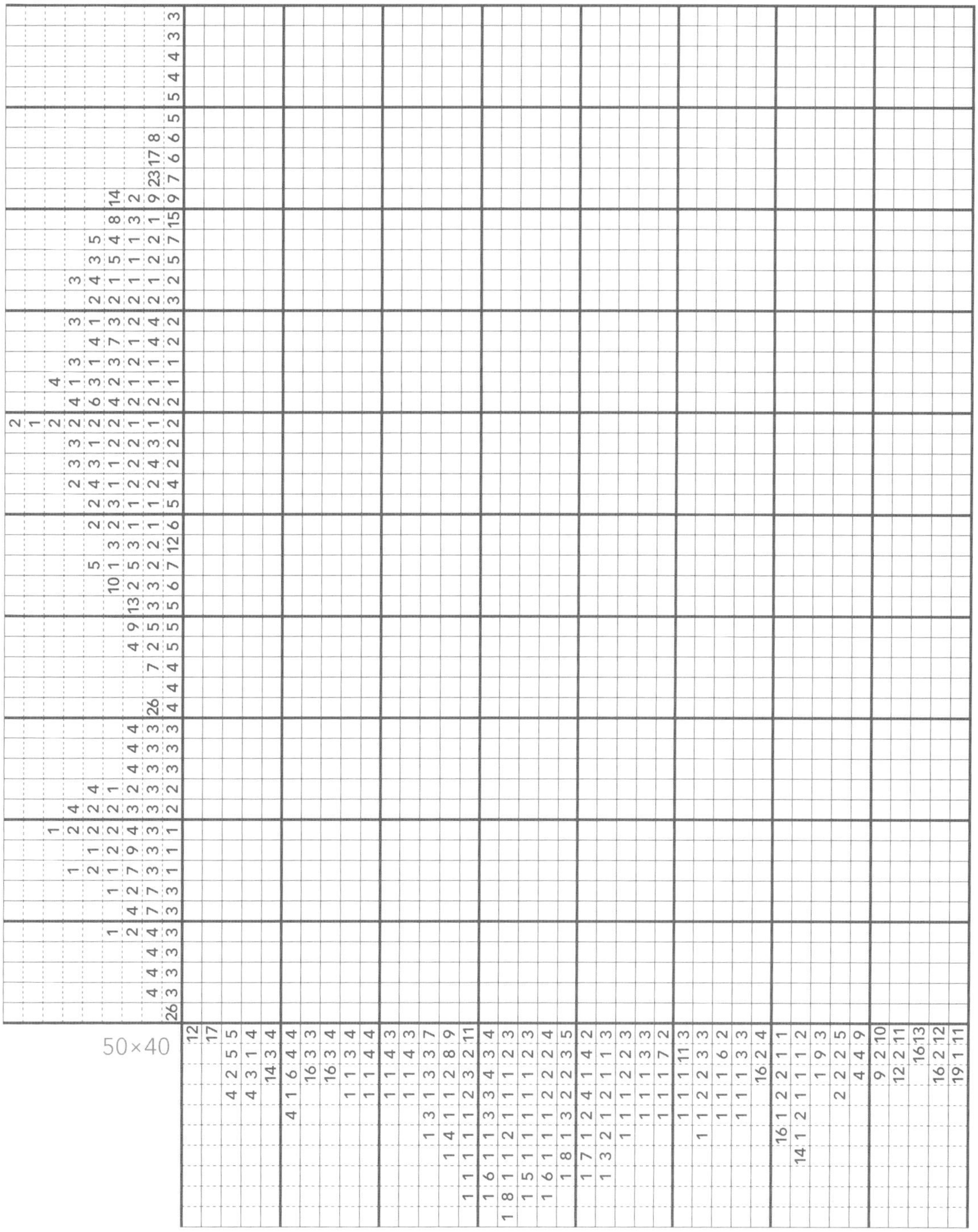

50×40

D114 전 세계 사람들과 소통할 수 있다니!

난이도 ★★★★★

50×40

열	힌트
1	12 5 11
2	1 7 2 5 2 4
3	2 4 1 3 4 3 3
4	2 3 2 2 4 2 2
5	3 2 2 3 2 1
6	2 3 2 3 3 3
7	2 2 1 2 2 2 3
8	5 2 5 2
9	2 6 1 2 1
10	2 2 9 2 2
11	1 2 7 2 2 1
12	6 7 3 3 2
13	5 8 3 3 2 3
14	5 3 4 4 3 2 5
15	4 3 3 3 3 6 2
16	4 3 3 10 2
17	3 3 4 4 4
18	2 3 6 2 5
19	2 2 3 3 2
20	2 3 3 3 1
21	1 3 3 4 11
22	1 3 3 6 2 2
23	1 3 3 3 2 2 2
24	1 3 3 3 2 2 2
25	1 3 3 2 1 2 2
26	1 3 3 2 1 2 5
27	1 3 3 3 2 2 2 3
28	1 3 4 4 2 6 1 1
29	1 3 3 6 2 1 2 1
30	1 3 3 5 1 3 1 2
31	2 3 3 3 1 2 6
32	2 3 3 3 3 2
33	2 3 3 3 3 2
34	3 3 5 7 2
35	3 3 4 6 2 3 2
36	4 3 3 4 2 3 5 2
37	4 3 3 4 1 2 2 1 2
38	5 7 3 2 2 1 4
39	6 6 2 2 1 3
40	7 6 2 1 3
41	8 3 3 2 2 2
42	2 1 4 2 2 2 1 2
43	1 1 3 2 2 2 2 1
44	1 4 3 3 5 1 1
45	6 3 2 4 2 4 1
46	4 3 2 2 1 1
47	2 1 3 3 3 2
48	1 9 2 4 3 3
49	1 1 5 2 6 4 5
50	13 7 11

행	힌트
1	2 40
2	1 9 12 3 1
3	1 2 2 2 6 8 3 3
4	1 2 2 2 5 13 1
5	1 3 4 2 1 1
6	2 2 9 3 2 1 1
7	6 3 13 2 1 1
8	6 3 17 1 3
9	9 6 6 9
10	3 3 4 5 9
11	2 3 3 5 4 10
12	15 5 6 2
13	5 9 4 1
14	2 2 4 13 3 2 2 2
15	6 5 5 6 4 2 2 2
16	4 6 4 11 1
17	10 10 2
18	9 3 5 3
19	10 3 5 3 4 3 4
20	8 3 3 9 3 6 7
21	6 6 7 7 4 2 6
22	4 8 5 5 4 2 2
23	2 2 2 5 3 3 4 5
24	4 3 2 2 3 2 1
25	2 1 3 2 2 4 1 2
26	2 1 3 2 2 5 1 1
27	2 1 4 4 1 2 2 2
28	1 2 3 1 2 3 1 1
29	2 1 3 1 6 2 3 1 1
30	2 2 3 1 12 2 3 2
31	1 3 1 1 2 1 4 1
32	1 2 3 1 2 1 2 1
33	1 3 2 1 1 2 2 1
34	1 1 1 1 1 3 2 1
35	1 1 1 1 2 2 3 1
36	1 2 1 1 2 1 1 2
37	2 1 2 1 1 3 3 2
38	3 2 1 1 4 1 3 3
39	4 6 7 13 4
40	5 7 30

D115 목욕탕 필수품이죠

난이도 ★★★★☆

50×50

Column clues (top to bottom)

Column	Clues
1	13 7 1 1 1 1
2	17 2 2 3 1 1 1 1
3	4 4 2 1 2 1 1 1 1
4	3 3 2 2 1 1 1 1 1
5	2 2 5 2 1 1 1 1
6	2 2 2 2 4 9 1
7	2 2 5 7 2 1
8	2 2 2 2 1 7 1
9	3 3 2 2 1 2 1
10	4 4 2 10 7 1
11	17 5 9 1
12	13 5 1 2 1
13	5 1 2 2
14	5 11
15	5 3 6
16	5 3 1
17	5 2 3
18	4 5 3 1 1
19	15 7 2
20	6 7 4 4 2
21	2 5 7 3 2 3
22	2 2 1 10 4 2 1
23	2 2 2 9 3 5 1
24	3 2 2 12 4 6 1
25	3 2 2 7 5 4 1
26	3 2 2 1 2 7 7 1
27	3 2 1 2 1 2 2 5 8 2
28	3 2 2 2 3 1 2 1 12 2
29	5 1 2 1 2 2 2 8 7
30	6 2 2 1 3 5 5 1
31	6 3 1 1 3 6 1
32	6 5 2 4 5 2
33	7 2 1 7 2 1 3
34	8 2 4 2 1 4
35	4 4 4 1 5 1 4
36	3 8 1 3 4 4
37	2 3 1 4
38	2 2 7 1 4
39	1 2 5 2 4
40	4 7 3 4
41	3 6 3 1 4
42	2 10 1 4
43	14 5 1 4
44	2 5 5 1 3
45	1 1 2 5 1 5 1
46	1 1 2 5 2 2 1 2 1
47	1 1 2 5 4 1 6 1
48	1 1 2 5 4 12
49	1 1 2 5 2 2 5
50	1 1 2 5 14

Row clues (left to right)

Row	Clues
1	8 6
2	10 8
3	3 3 13 2 7
4	3 3 14 1 5
5	2 2 13 6
6	2 2 2 7 3 1
7	2 2 2 4 1
8	2 2 1 6 3 1
9	2 2 1 10 2 1
10	2 2 3 3 1 1
11	2 2 2 3 1 1
12	2 2 5 3 3 1 1
13	2 2 1 3 2 1 3 1
14	2 2 2 1 1 2 1
15	2 2 1 4 2 1
16	3 3 5 3 3 2
17	2 2 7 2 1 8
18	3 3 12 4 1
19	8 8 2 2 7
20	6 8 2 2 7
21	10 1
22	3 9 1
23	9 1 4 2 2
24	4 4 1 2 1 5 3
25	3 1 1 4 1 1 1
26	2 5 1 1 1 1 1 1
27	4 12 1 2 1 1 11
28	1 12 4 1 1 11
29	1 2 12 5 2 2 11
30	7 18 1 1 11
31	3 2 20 2 2 10
32	2 5 4 4 1 2
33	1 1 2 2 2 1 4
34	1 1 2 2 1 1 5
35	1 1 1 3 2 1 2
36	2 2 1 5 3 2 4
37	1 1 2 8 2 1 2 2
38	1 1 2 1 8 1 2 1 1
39	1 1 2 1 8 1 2 4 1
40	6 1 5 1 21 1 1
41	1 1 2 2 1 6 2 2 1 1
42	6 1 2 2 1 1 3 2 3 1
43	10 2 2 1 1 2 1
44	14 1 2 3 2 1
45	5 2 3 2 1
46	4 2 3 4
47	3 2 1 10 4
48	2 2 2 1 12 3
49	3 1 3 3 13 3
50	50

D116 추억을 남겨주는 고마운 기계

난이도 ★★★★★

50×50

열	힌트
1	7 21 3
2	7 21 3
3	5 21 3
4	1 1 18 3 2
5	2 7 2 13 3 5
6	3 8 3 3 12 3 6
7	7 7 1 9
8	6 34
9	6 30
10	7 7 2 4
11	3 8 3 12 3
12	2 7 2 17 3
13	1 1 1 2 2 12 3
14	6 5 11 2
15	7 4 10 2
16	7 3 11 3 2
17	2 2 8 5 6
18	2 2 6 12
19	5 6 3 5
20	3 2 6 3 6
21	2 5 4 6
22	1 1 1 3 5 6
23	1 1 1 6 7 6
24	4 1 8 5 5
25	9 1 2 2 5 5
26	5 2 3 1 1 1 9 3
27	5 2 3 1 2 1 2 3
28	5 3 3 1 1 2 3
29	5 4 2 1 1 2
30	5 9 1 1 2 6
31	4 4 2 2 9
32	4 6 2 1 10
33	5 7 2 1 1 5
34	6 1 1 2 2 2 5
35	7 3 2 1 2 3
36	9 3 2 2 1 2 2
37	5 3 2 2 1 2 2
38	7 1 3 1 1 1 1
39	1 2 3 2 1
40	7 2 2 7 1
41	7 1 1 8 1
42	2 5 2 2 11 2
43	3 7 2 4 16 1
44	7 5 18 3 2
45	6 24 6
46	6 28
47	3 3 5 9
48	2 6 2 13 3 7
49	6 14 3 4
50	7 15 3

행	힌트
1	9 7
2	8 7
3	6 7 5
4	2 4 2 12 3
5	3 8 3 14 2 5 2
6	16 14 11
7	3 3 3 3 7 6 5 4
8	3 2 2 3 7 5 4 3
9	6 6 2 1 3 4 4 3
10	2 3 3 3 1 12 2 1 5 4
11	8 2 10 1 1 2 6 1
12	6 2 4 5 1 1 4
13	4 7 1 3 4 2 6
14	3 6 5 1 3 3 1 2 2 6
15	3 8 3 2 2 3 1 2 5 2
16	3 8 2 6 2 1 2 3 2
17	4 2 2 4 5 2 2 2
18	4 2 2 6 2 1 4
19	4 1 2 2 3 5 3 4 3
20	4 4 2 4 5 3 4 3
21	4 1 2 2 4 2 2 3 3
22	5 2 2 1 2 1 2 3 3 3
23	6 2 3 2 1 2 5 3
24	6 2 4 2 2 2 4 3
25	6 2 8 4 2 4 3
26	6 2 14 2 5 3
27	6 2 14 10 3
28	6 2 14 8 3
29	6 2 8 2 8 3
30	6 2 7 4 7 3
31	6 3 6 4 7 3
32	6 3 6 4 8 2
33	6 2 5 1 14 1
34	6 2 5 1 8
35	2 2 2 3 4
36	2 1 4 2 5
37	2 1 6 1 2 2
38	4 1 1 5 2 3 1
39	5 2 1 4 1 2
40	7 1 1 3 2 2 2
41	5 3 1 1 3 2 1 3
42	3 2 3 1 1 3 2 1 2
43	3 2 3 1 2 5 2 1 2
44	3 3 4 1 1 6 1 2
45	2 2 4 6 1 7 2
46	1 3 11 7 3
47	2 10 3 6
48	2 11
49	3 10
50	2 7

D117 빠르게 올라갈 수 있어요

난이도 ★★★★☆

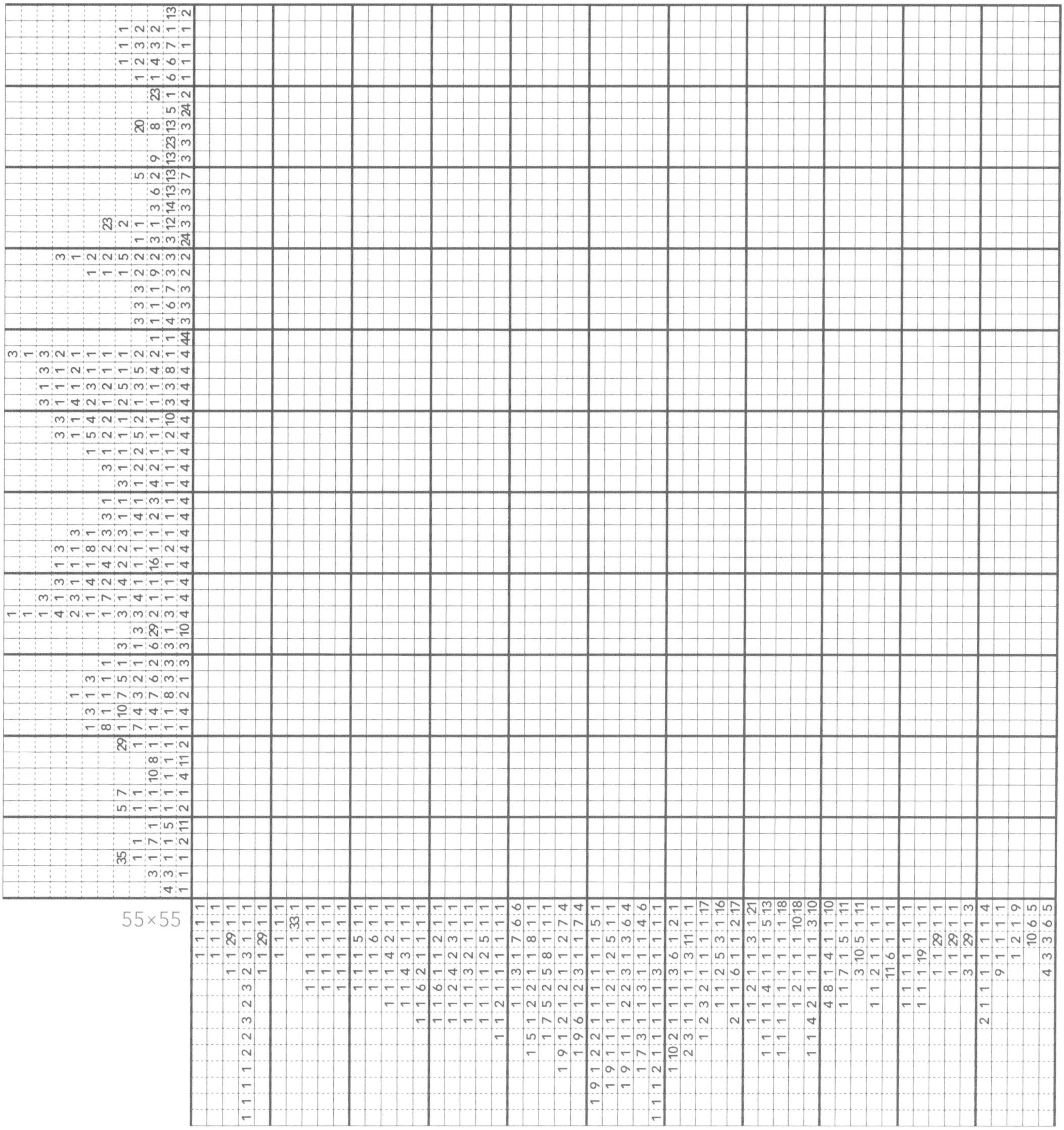

55×55

D118 영화의 세계로 빠져볼까요?

난이도 ★★★★★

55×55

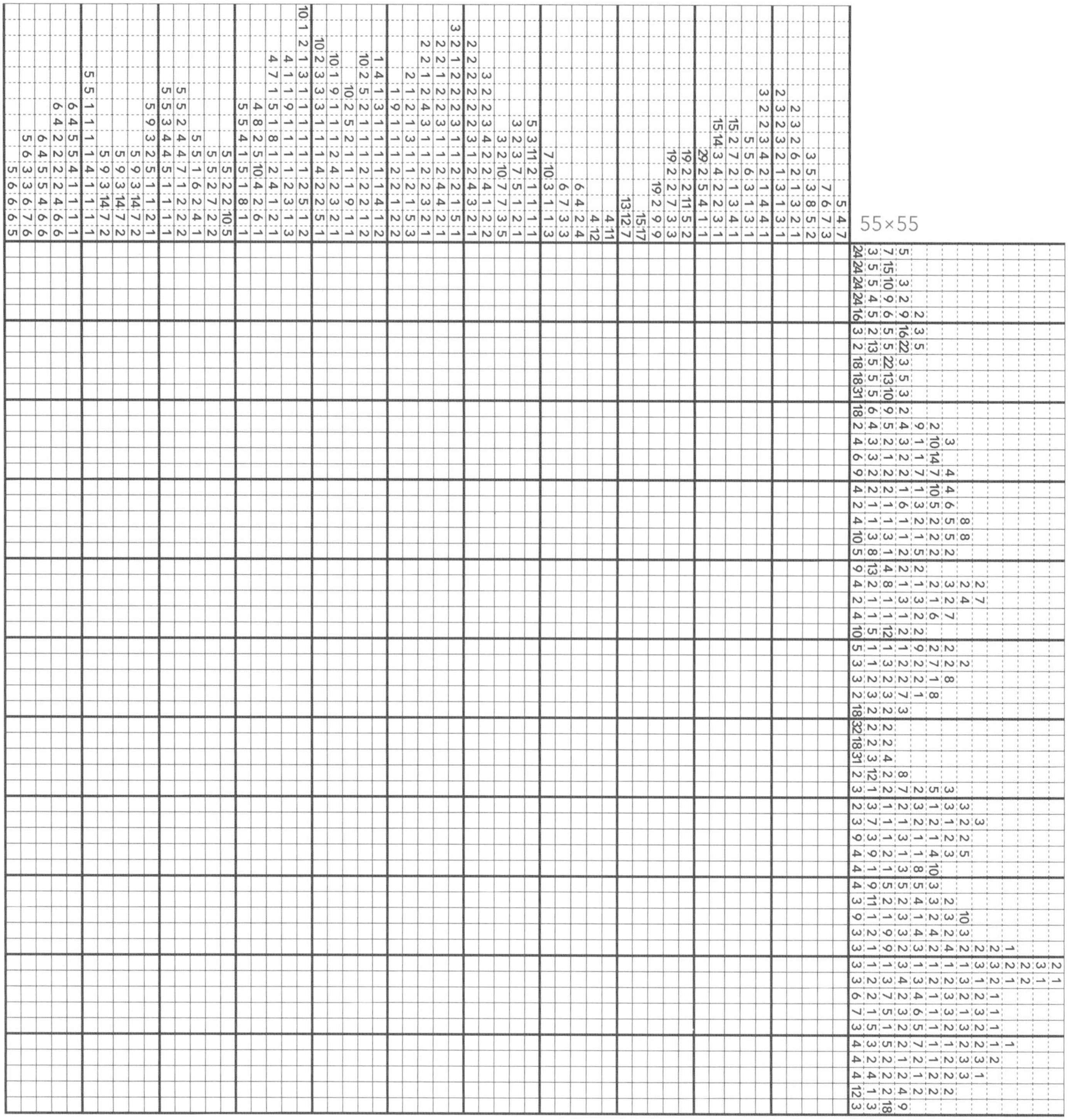

D119 임진왜란 당시 활약했던 배

난이도 ★★★★★

50×60

Column clues (left to right, top to bottom)

Column	Clue
1	4 5 3
2	2 1 2 5 3
3	3 3 1 6 1 3 3
4	1 2 3 1 2 1 4 1 7
5	1 1 2 1 2 2 2 9 1
6	1 2 3 1 2 3 1 1 6 1
7	1 2 3 13 1 1 3 1
8	2 2 2 1 1 1 4 1 1 1 3 1
9	3 1 1 2 1 1 1 2 1 1 1 2 1
10	3 1 1 4 1 1 3 1 1 1 4
11	2 2 1 2 1 1 1 1 1 1 1 4
12	2 1 1 4 2 1 5 1 1 3
13	2 1 1 1 4 2 1 3 1 1 3
14	6 1 1 1 6 3 1 2 3
15	2 8 2 2 1 1 3
16	11 1 1 1 3
17	5 10 1 1 1 1
18	2 2 5 1 1 1 1 1
19	4 2 4 4 7 4 1 1 1 1 1
20	2 5 2 2 3 2 6 2 3 1 1 1 3
21	2 2 1 1 1 1 2 2 2 4 1 1 1 1 3
22	2 2 1 1 1 1 1 1 10 1 1 1 1 3
23	2 2 1 1 1 2 1 7 15 3
24	2 2 1 1 1 1 2 3 2 7 1 1 6
25	2 2 1 1 1 1 1 2 7 3 3 1 1 2
26	6 1 1 1 1 1 7 1 3 3 1 1 3
27	6 1 1 1 1 6 1 6 1 1 1 3
28	2 2 1 1 1 1 3 1 14 2 5
29	2 2 1 1 1 1 1 6 2 3 1 6 2
30	2 2 1 1 1 1 1 5 2 3 3 1 3 2
31	2 1 1 1 1 1 1 2 9 3 2 2 2
32	2 1 1 2 1 1 1 1 6 3 1 2 4
33	9 5 1 3 1 6 2 8 4 3
34	2 2 1 2 1 3 5 5 7 1 1 3 2
35	7 1 1 1 1 11 4 3 1 3 1
36	6 1 1 1 1 1 2 3 5 2 2 2
37	2 1 1 1 1 1 1 1 6 7 5 3
38	2 1 4 1 1 1 1 3 2 3 2 1 3 4
39	2 1 3 6 1 1 1 10 3 1 4 4
40	2 1 6 1 1 2 8 2 3 3
41	4 1 3 4 1 4 3 2
42	2 4 2 3 1 3 3 1
43	1 3 6 1 3 4 1
44	5 2 3 3 6
45	3 2 3 3 5
46	6 4 4 4
47	3 1 2 3 2 1
48	2 6 3 1 1
49	1 2 1 3 1 1
50	4 1 6 1

Row clues (top to bottom, left to right)

Row	Clue
1	2
2	7
3	13 2
4	8 2
5	14
6	10 7
7	6 1 2
8	1 8
9	1 3 1
10	1 7 1
11	7 1 1
12	1 7
13	1 1 1
14	1 1 1
15	2 7 2
16	8 2 1
17	1 8
18	1 1 1
19	1 1 1
20	4 1 1
21	1 11 1
22	1 7
23	1 1 1
24	2 1 1
25	4 2 2
26	2 1 2 3 8
27	3 3 1 9 1
28	13 1 1 1
29	1 2 1 2 2 1
30	4 5 2 2 9
31	2 5 2 4 1
32	1 3 1 12
33	4 2 5 2 5
34	6 1 14 2
35	7 5 8 3 3 5
36	1 2 1 5 2 5 8 3
37	11 6 2 3 5 3 6
38	1 3 4 8 5 7 4
39	4 2 2 11 5 3 2 3
40	2 2 5 2 2 1 5 2 3 4
41	7 1 1 2 2 2 6 3 7 5
42	2 1 3 1 11 1 11 3 1
43	2 7 1 2 6 2 11 1 3 1
44	1 4 2 3 4 12 1 5 2
45	12 4 12 1 2 3 2
46	1 4 7 8 1 1 4 3
47	3 1 11 3 1 1 6 3 1
48	5 1 7 1 2 1 4 8
49	1 2 3 1 1 2 1 6 1 5
50	2 6 1 1 2 4 7 3
51	3 4 1 6 1 7
52	5 3 9 3 7 7
53	2 3 4 7 3 5 7
54	6 3 9 2 3 7 5
55	6 4 5 2 3 6 2
56	8 11 4 4 5 1
57	8 1 7 5 5 1
58	28 2 4 7
59	4 7 15 4 3
60	24 8 13

D120 우주 개발을 위해 발사해요

난이도 ★★★★★

50×60

Column clues (top to bottom):

Column	Clues
1	24 6
2	26 2 4
3	1 11 12 2 4
4	26 2 4
5	3 7 13 1 3 1
6	28 2 2 1
7	29 2 2
8	6 23 2 3
9	2 12 16 3
10	9 23 3
11	32 2
12	32 3
13	33 4
14	31 4
15	24 1 3 1 1 3
16	3 1 2 2 1 2 1 1 2
17	2 2 2 2 1 1 2 1 2
18	2 1 1 2 1 1 1 2 3
19	2 2 2 2 2 1 1 1 3
20	2 2 2 2 1 3 1 1 2
21	23 3 1 3 2 2
22	24 3 1 4 4 1
23	3 1 5 1 1 11
24	2 2 2 1 11
25	2 1 33 1
26	2 2 4 2 4 2
27	2 1 4 2 2 2 3
28	1 1 3 1 2 1 2 2 5
29	1 1 3 2 2 2 6 3
30	2 1 3 1 3 9 4 1
31	2 1 3 1 2 2 3 6 1
32	1 3 1 1 2 3 7 2
33	8 3 1 3 5 2 2 2
34	11 1 2 1 6 3 4
35	12 2 11 2 2
36	3 1 31 4 1
37	2 1 1 1 5 1 1 1 3
38	2 1 1 2 4 1 1 1 1
39	3 2 1 3 4 3 2
40	22 2 9 3
41	16 1 12 2
42	18 1 9 2
43	23 8 1
44	8 19 1 1
45	1 23 1 1
46	26 2 2
47	25 1 4 1
48	11 11 8
49	26 4 1
50	28 3 1

Row clues (left to right):

Row	Clues
1	4
2	2 2
3	2 2
4	2 2
5	2 2
6	1 2
7	2 2
8	1 3
9	1 3
10	2 2 10 2
11	6 3 7
12	2 5 3 3 1
13	1 2 12
14	2 2 8 1
15	1 6 3 3 1
16	3 4 2 7
17	1 2 2 5 1 2 1
18	1 1 2 4 3 1 2 2 2
19	3 1 1 3 2 2 4 2 1 6 2
20	2 3 4 4 2 7 3 5 5
21	10 3 3 1 3 2 1 13
22	11 3 2 1 1 11
23	4 3 6 2 2 1 11
24	4 3 6 5 1 11
25	15 3 1 2 11
26	15 3 1 2 4 6
27	7 7 3 1 2 11
28	15 3 1 3 11
29	15 2 1 3 11
30	9 5 2 1 1 1 11
31	15 2 1 1 10 2
32	2 1 10 3 1 1 12
33	15 3 1 1 12
34	18 1 1 11
35	16 1 1 10
36	15 1 1 9
37	8 6 2 1 1 8
38	14 4 1 1 8
39	14 2 1 5 1 8
40	19 1 10 11
41	14 9 1 2 6 7
42	16 1 2 1 2 1 1 9
43	22 1 1 4 8 2
44	13 5 1 11 1
45	10 9 5 3 5
46	12 22
47	8 4 4 8 5
48	16 9 1 2 8
49	3 9 14 4 2 2
50	1 7 4 7 3 3
51	5 4 3 2 2 4
52	7 2 3 2 9
53	9 2 1 3 2 3
54	1 3 4 8 1 6 2
55	5 4 3 3 3 2 1
56	4 7 3 2 2 3
57	8 2 2 7 1 2
58	3 4 2 1 2 3
59	1 6 1 2
60	4 2

NEMONEMO

해답

LOGIC PLUS

PART A

A1 클립

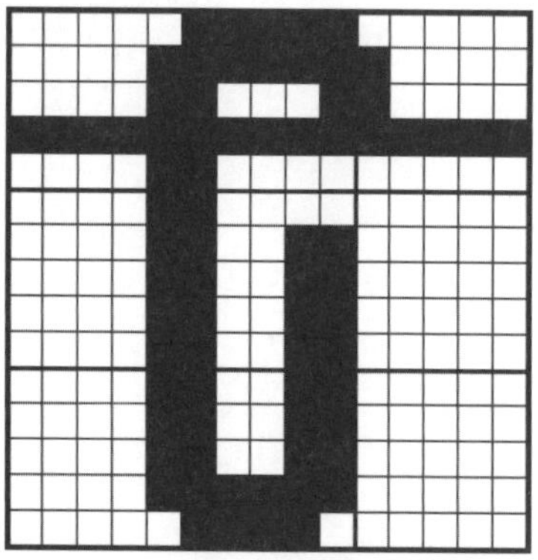

A2 네잎클로버

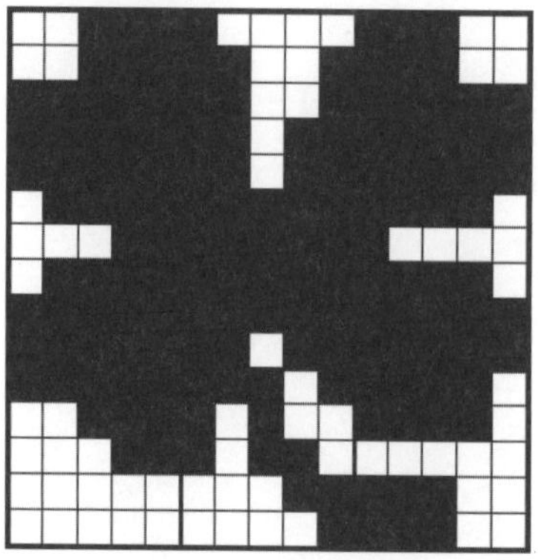

A5 + A6 분수

A3 고추잠자리

A4 한라봉

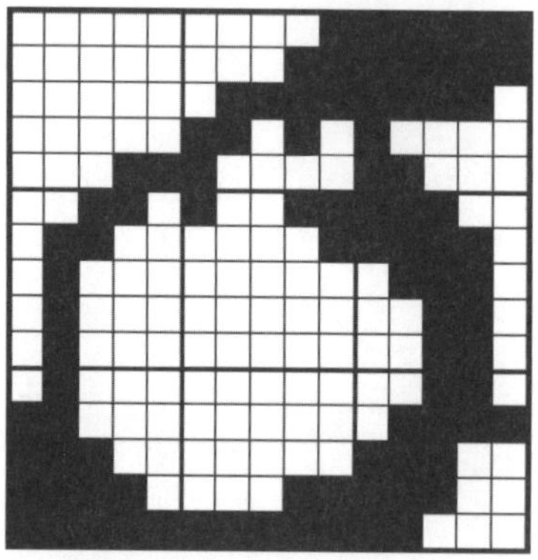

A7 ox 카드

A8 단발머리

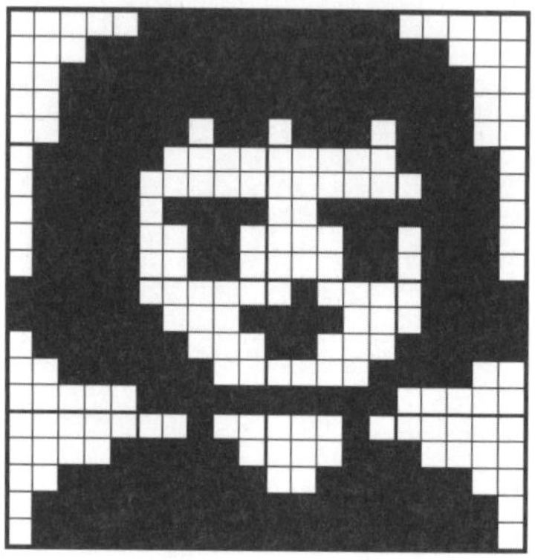

A9 + A10 인삼

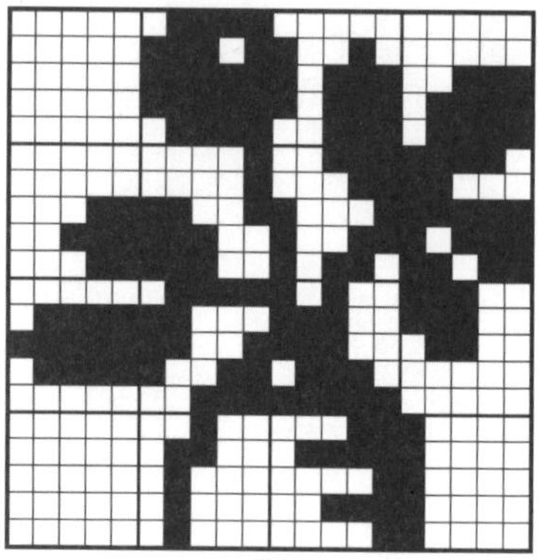

A11 각시탈

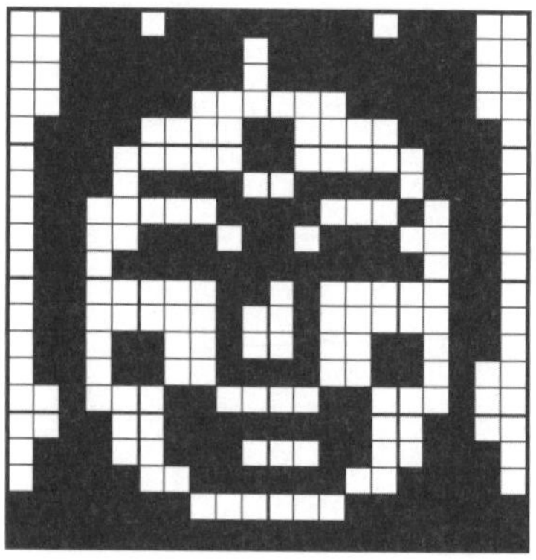

A12 동전 지갑

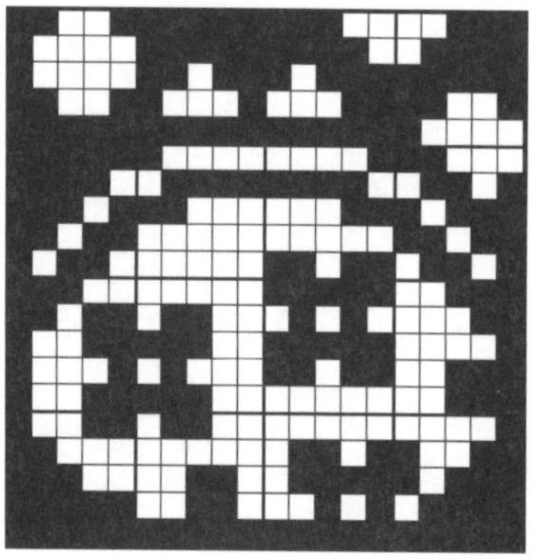

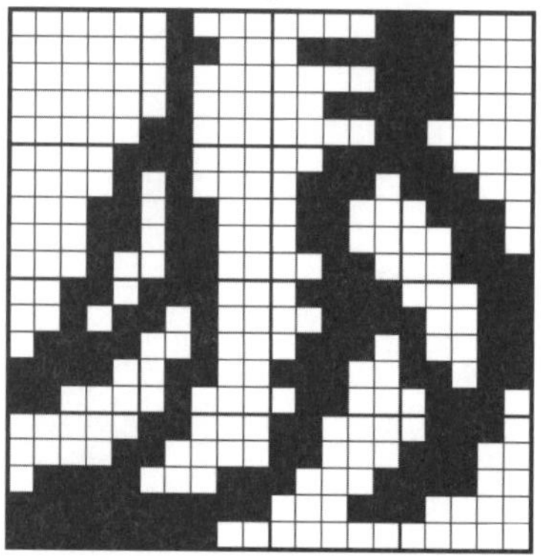

A13 달팽이

A14 배추

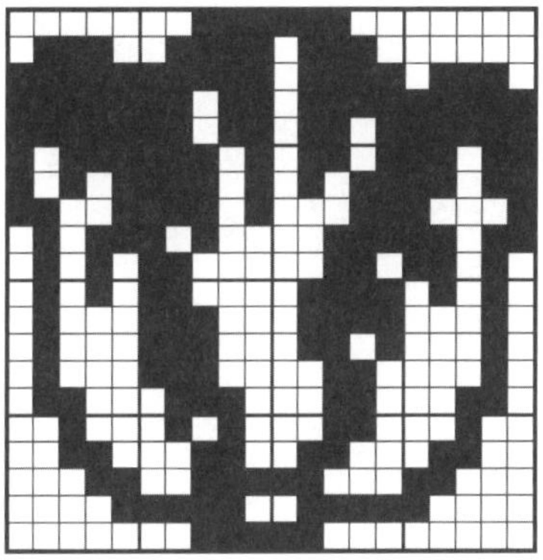

A15 구레나룻

A16 마이크와 탬버린

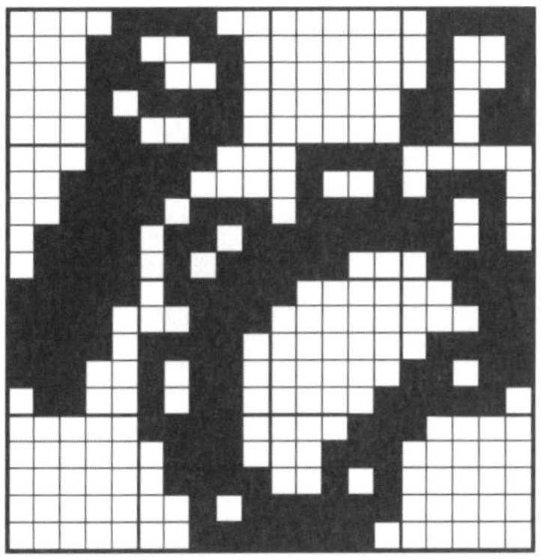

A17 프레첼

A18 귀

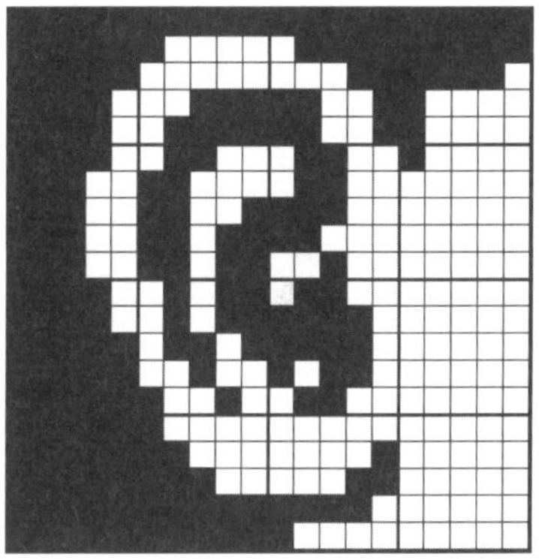

A19 손톱깎이

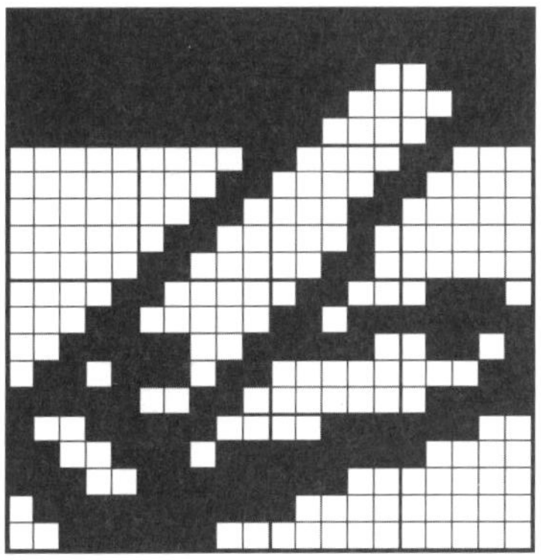

A20 동백꽃

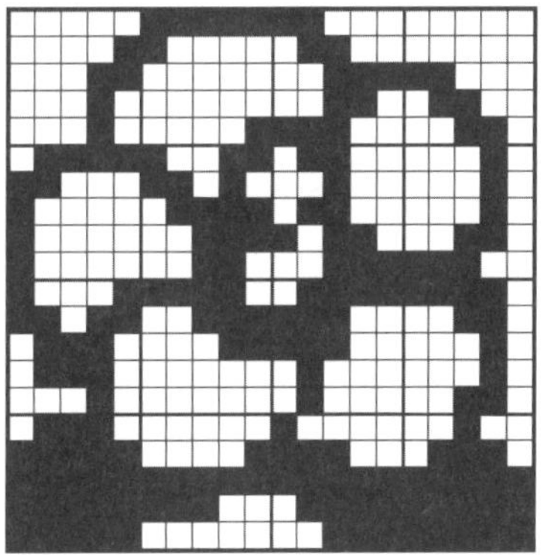

A21 잠만보

A22 홀컵

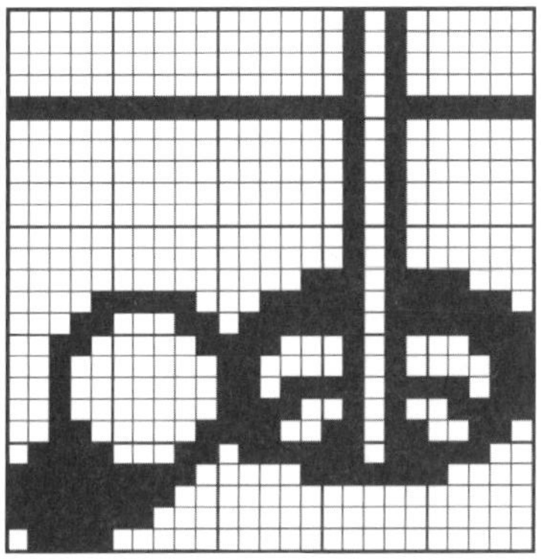

A23 치즈버거

A24 매미

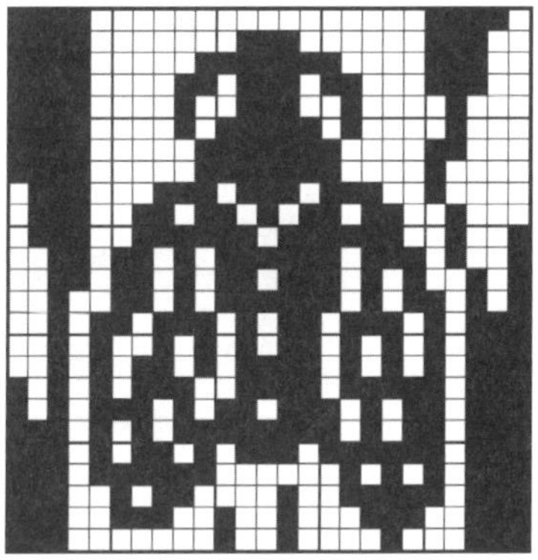

A25 롤케이크

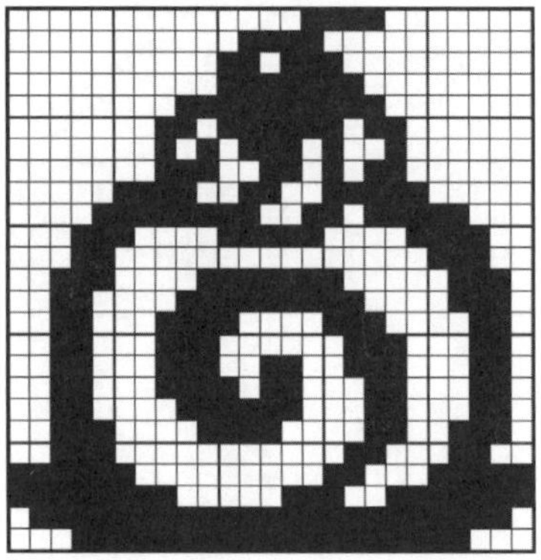

A26 립스틱

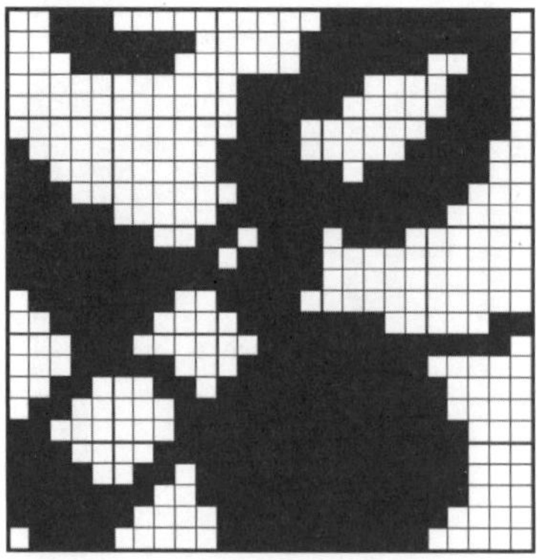

A27 소라

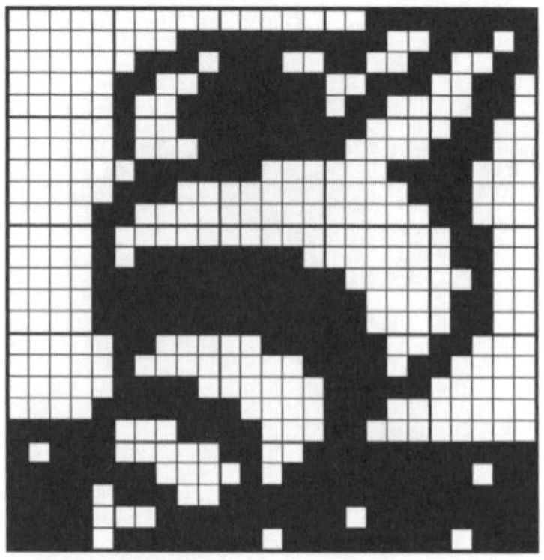

A28 세일러복

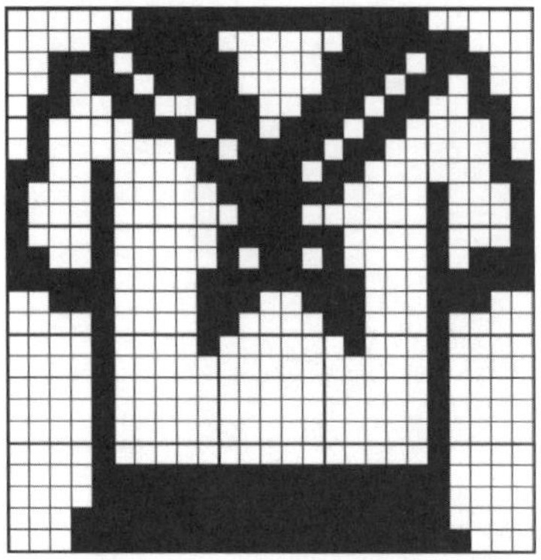

A29 크리스마스트리

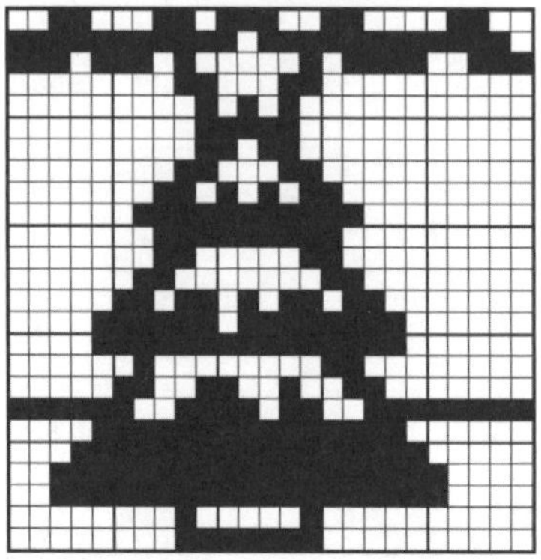

A30 까치

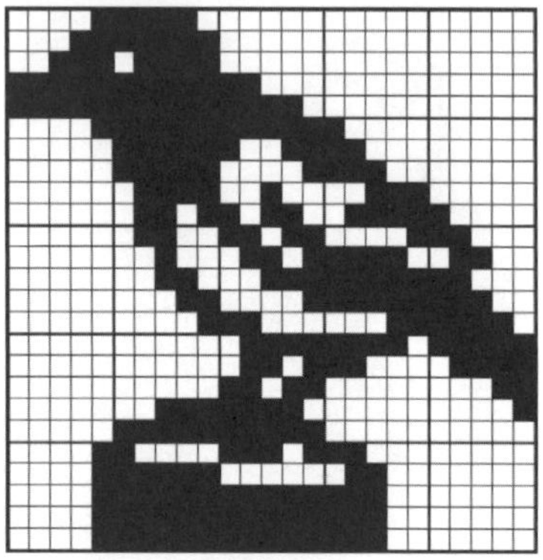

A31 분노

A32 웃는 이모티콘

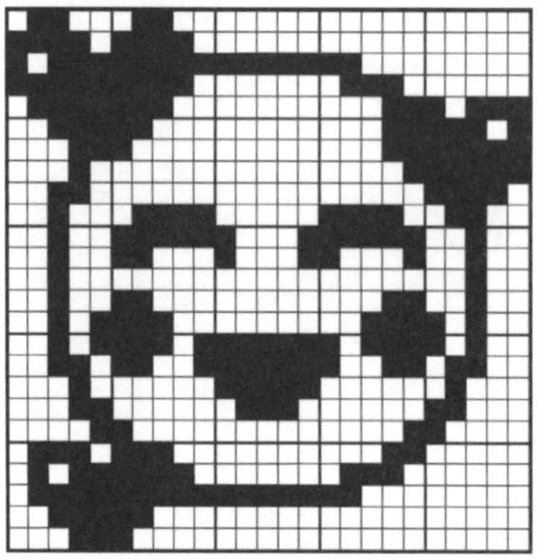

A33 높은음자리표

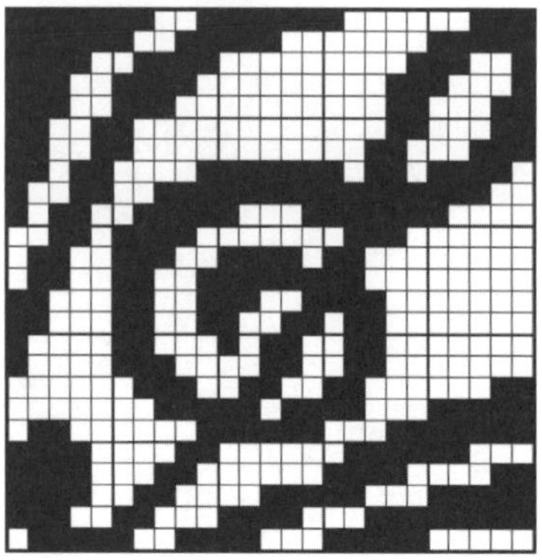

A34 양초

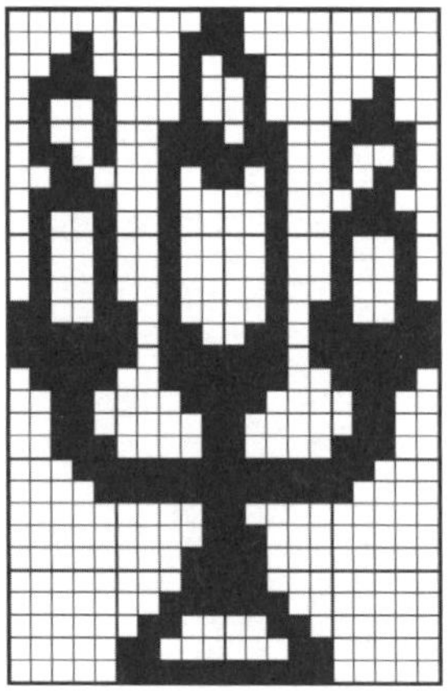

A35 생각하는 사람

A36 분무기

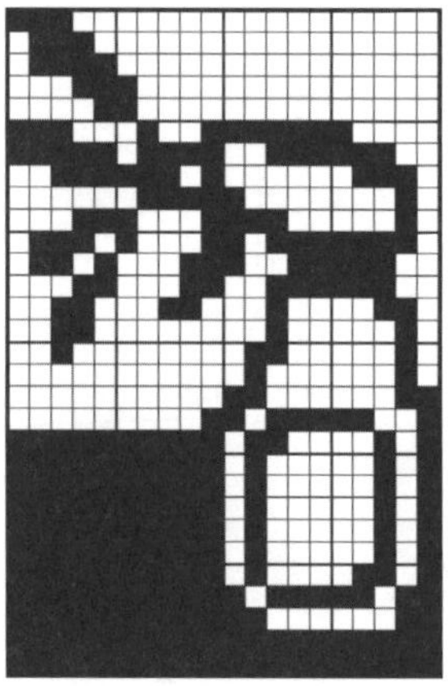

A37 머리 말리기

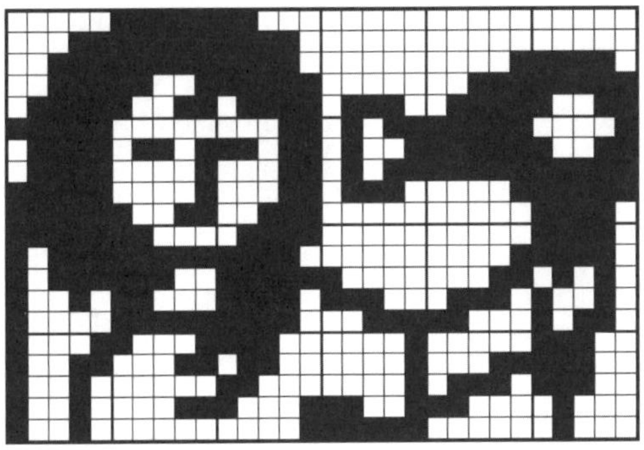

A38 사랑니

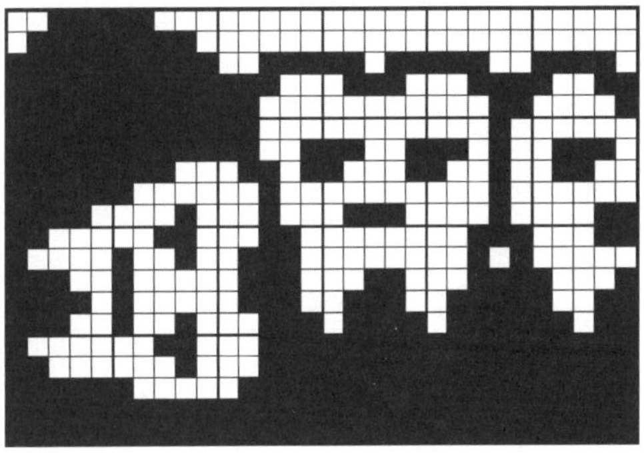

A39 메기

A40 좋아요 하트

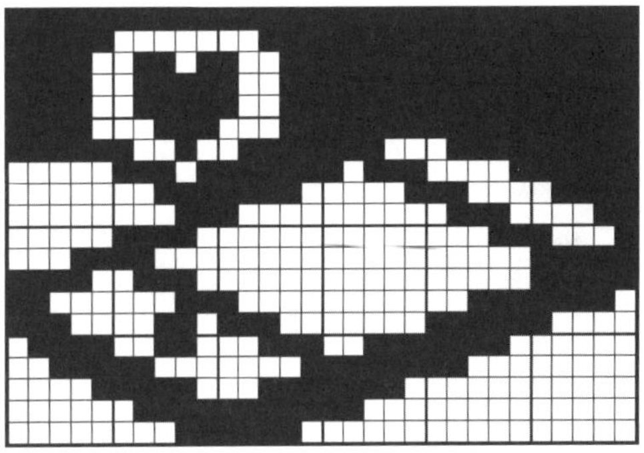

A41 꽃게

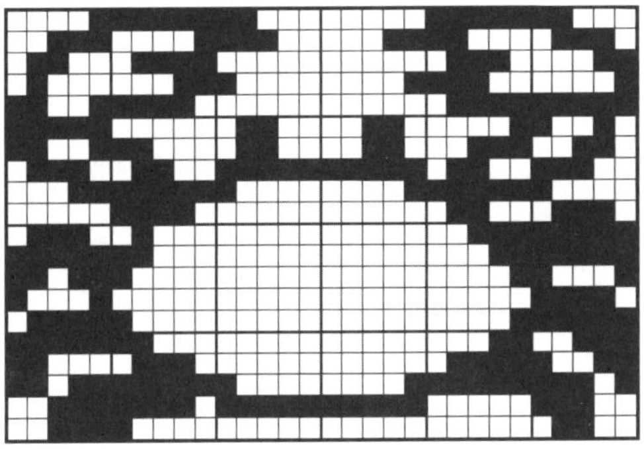

A42 칫솔

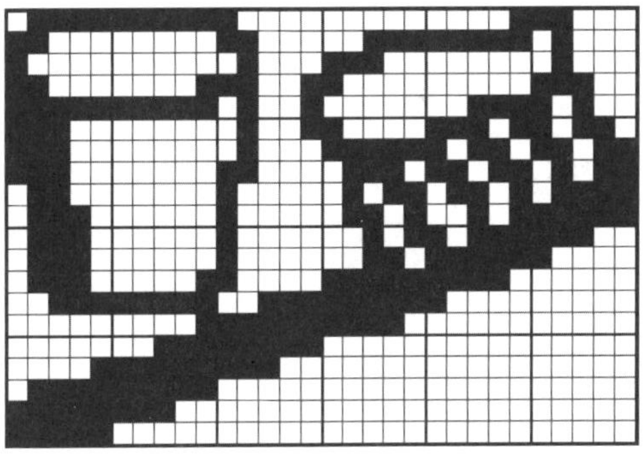

B43 굴비

B44 카약

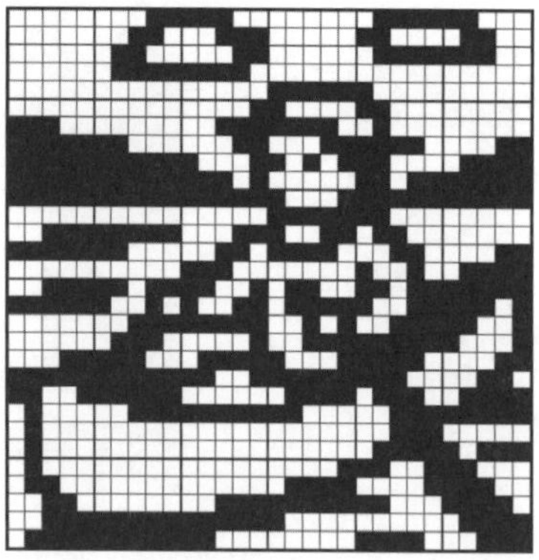

B45 몬스테라 화분

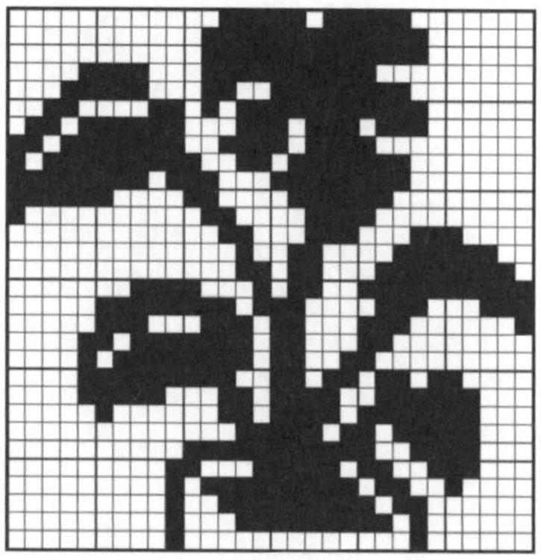

B46 금붕어 어항

B47 목도리도마뱀

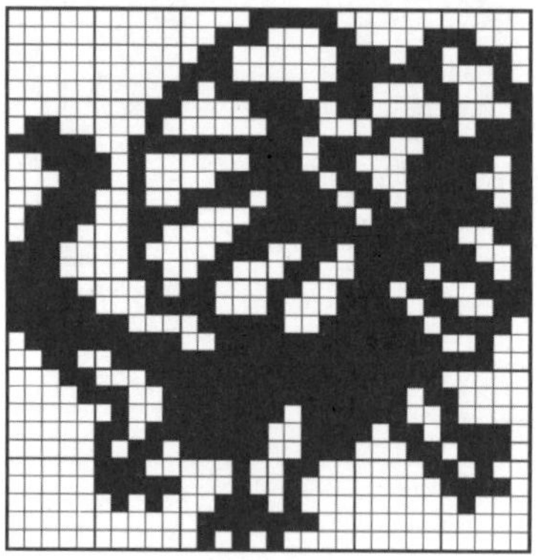

B48 수영모와 수경

B49 양궁

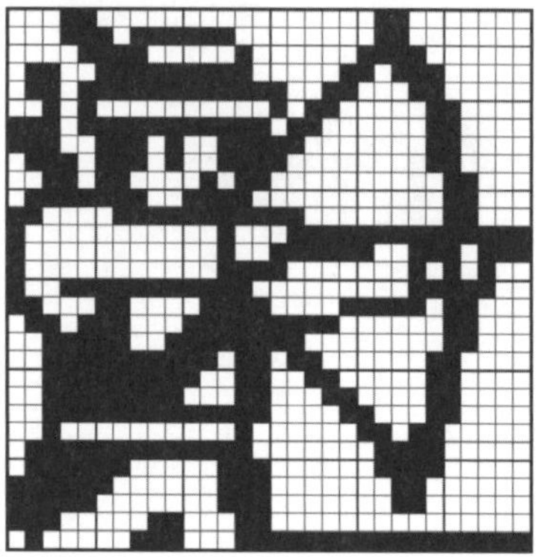

B50 + B51 고백

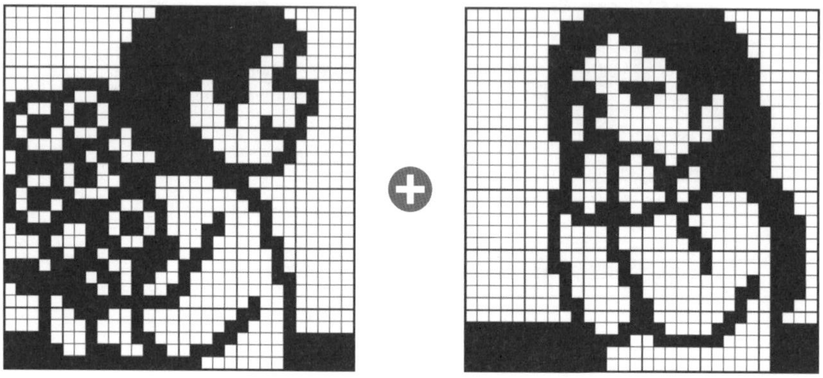

B52 판소리

B53 방역

B54 공기놀이

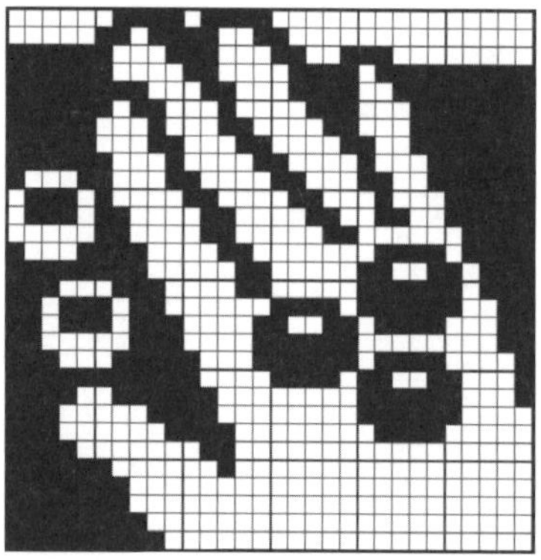

B55 서빙

B56 복통

B57 면도

B58 + B59 물수제비

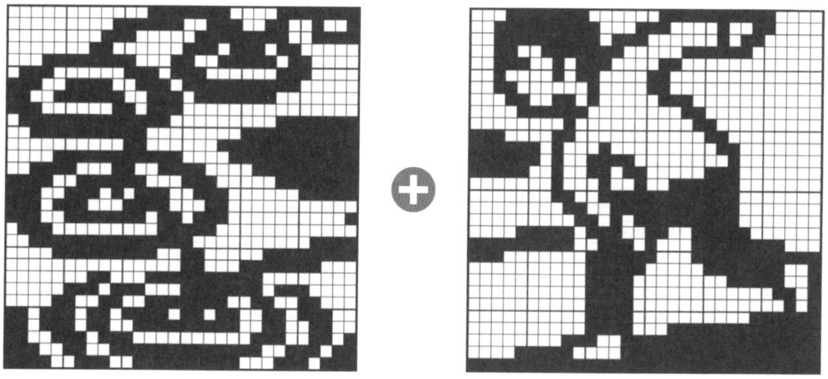

B60 가오리

B61 히치하이크

B62 토슈즈

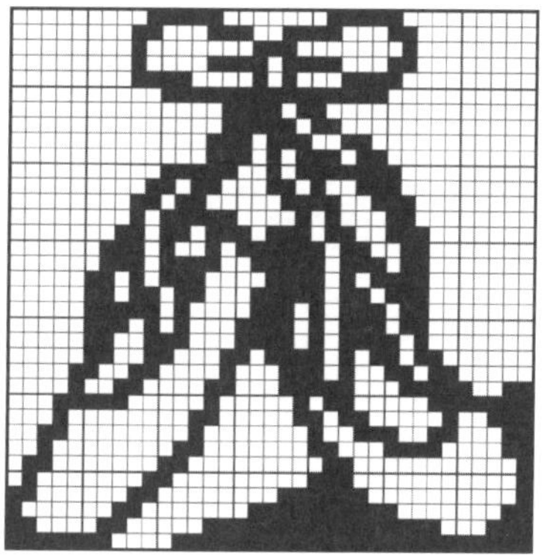

B63 믹서기

B64 흔들의자

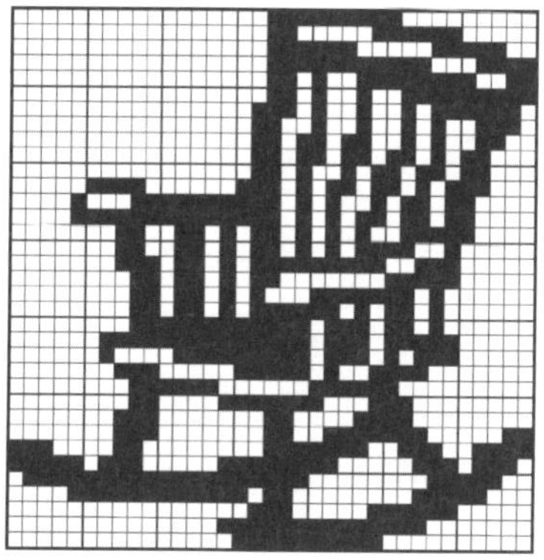

B65 비 오는 날, 고양이와

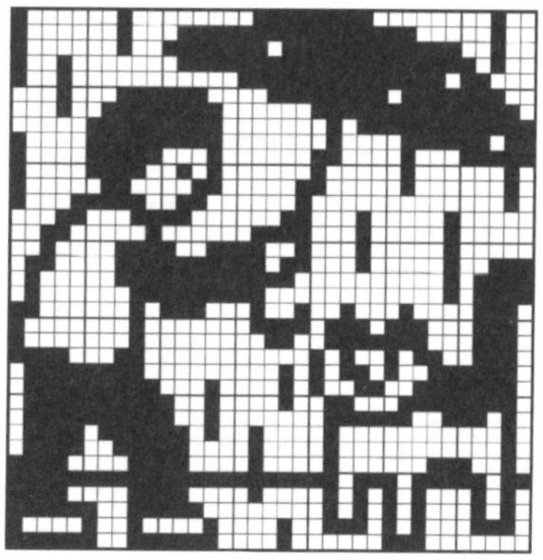

B66 향수

B67 박 터트리기

B68 군인

B69 마술봉

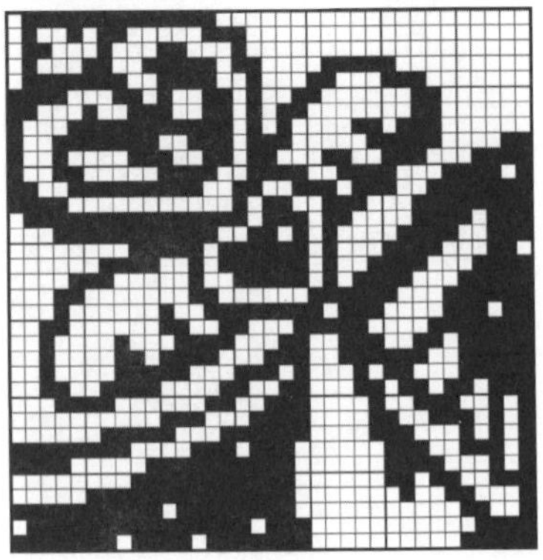

B70 안약

B71 기침

B72 물 마시기

B73 애견카페

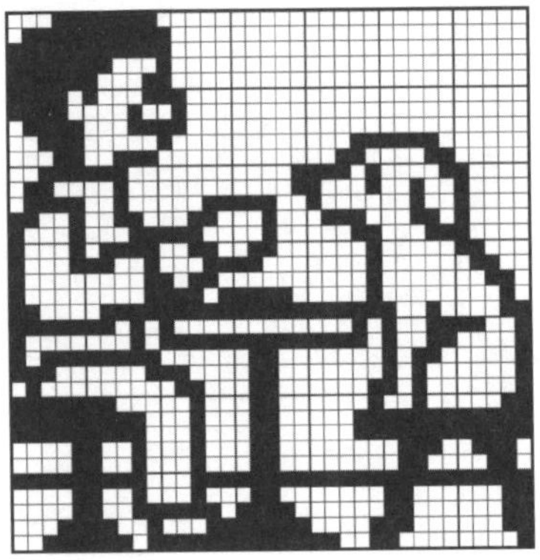

B74 시골 쥐

B75 옷걸이

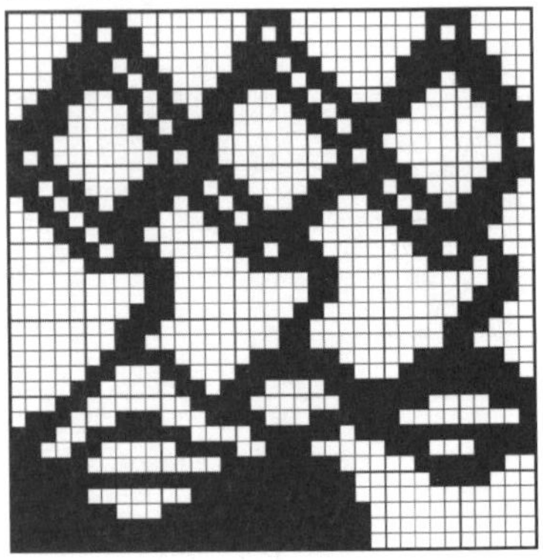

B76 카드 마술

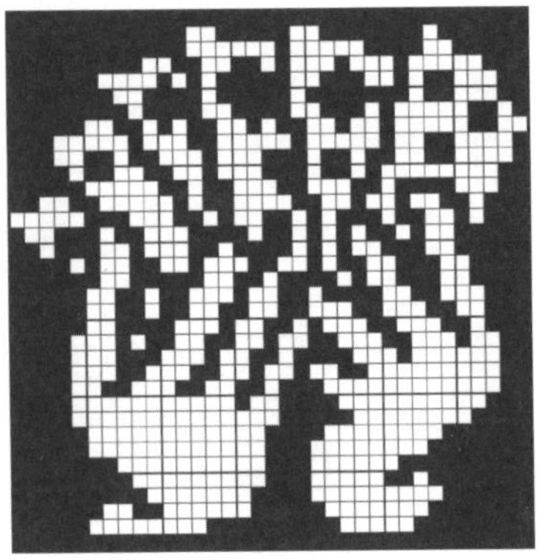

B77 우산 모양 달고나

B78 헐크

C79 캣타워

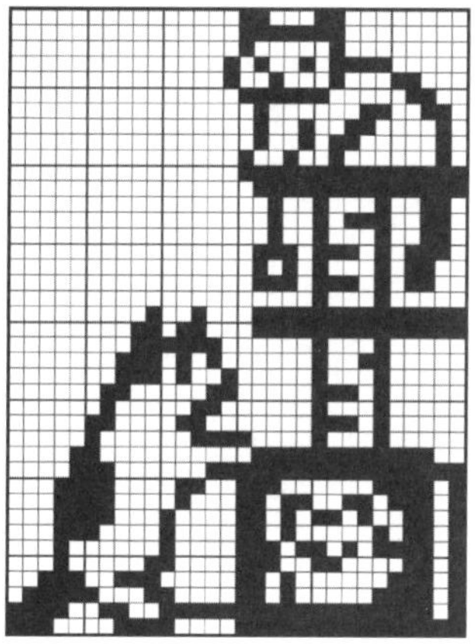

C80 건담

C81 펠리컨

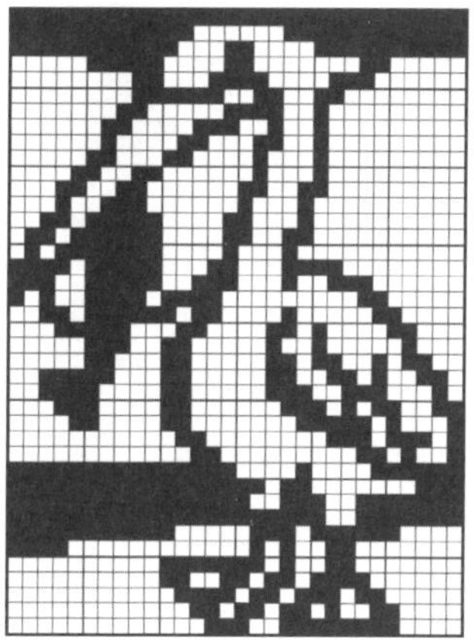

C82 나무자세

C83 인공지능

C84 침대

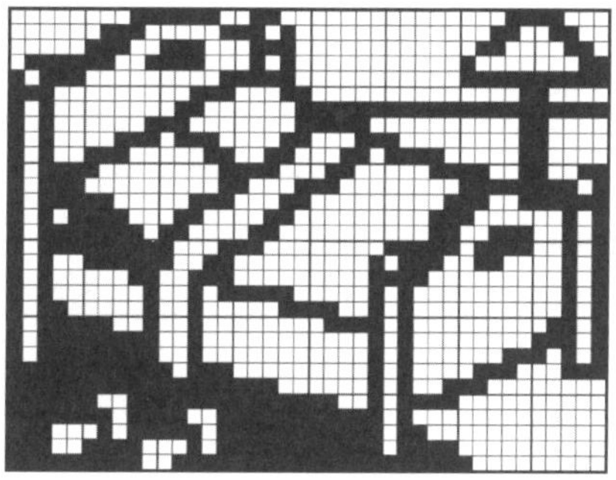

C85 솜사탕

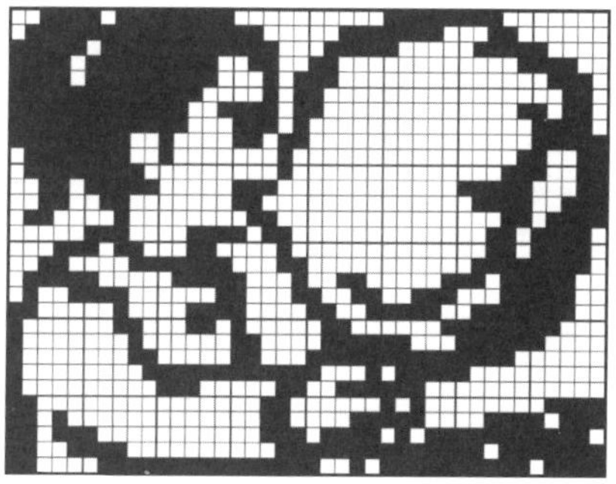

C86 쉼표 머리

C87 용맹한 다람쥐

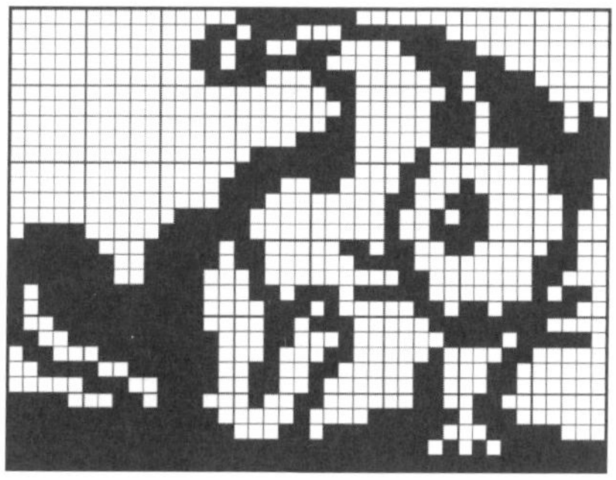

C88 모닝콜

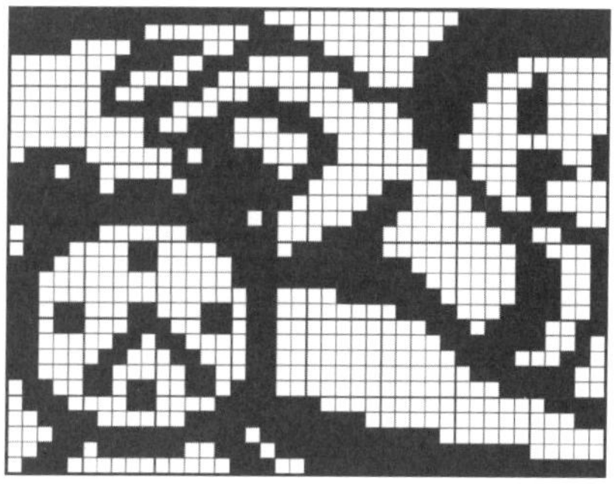

C89 체온계

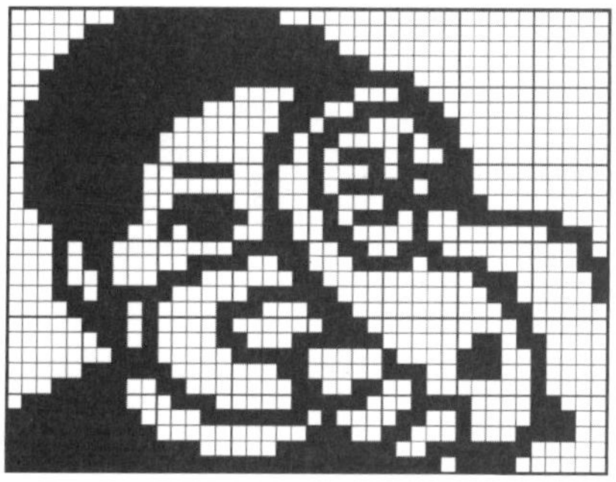

C90 성년의 날

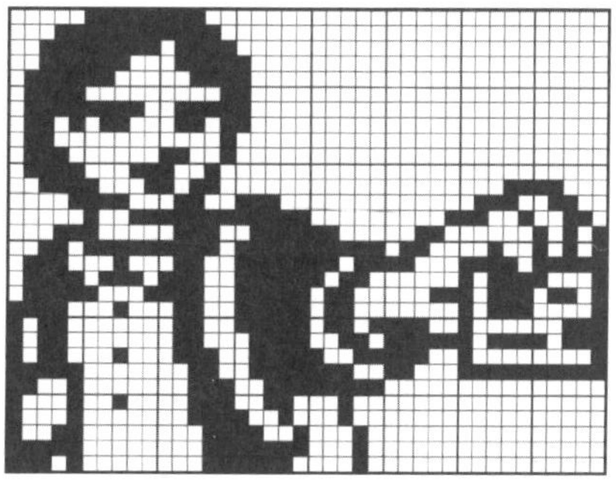

C91 아프로헤어

C92 화전

C93 황금알 거위

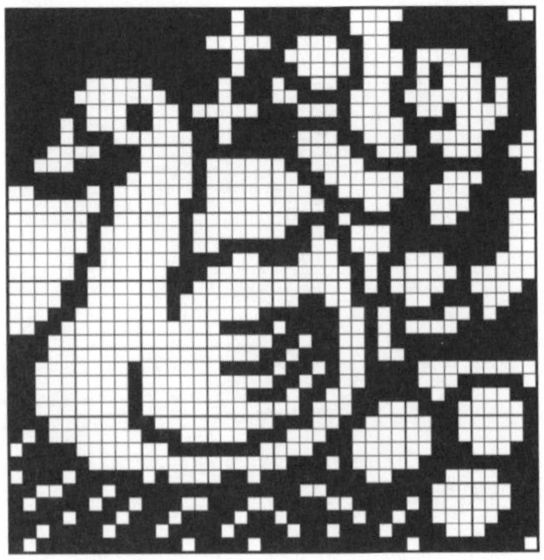

C94 요술램프

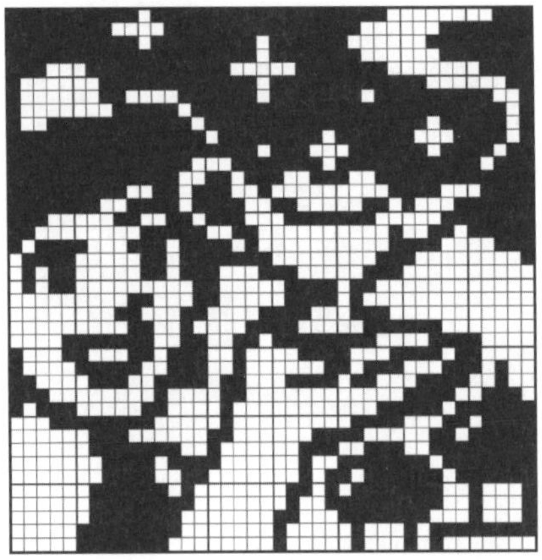

C95 멧밭쥐

C96 원숭이

C97 두성

C98 드림캐처

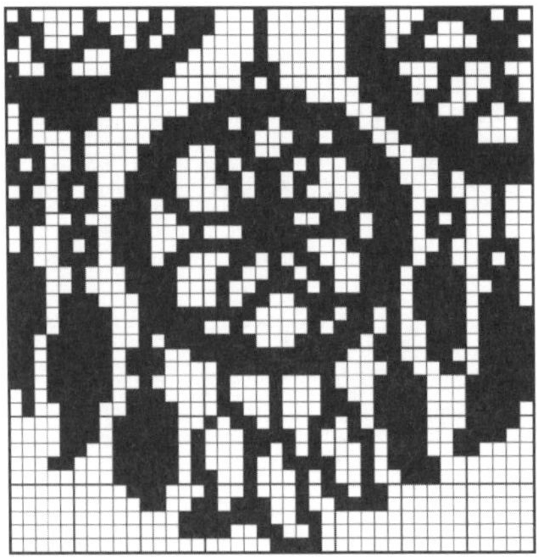

C99 꿀벌

C100 배달

C101 딱따구리

C102 디제잉

C103 터키 아이스크림

C104 대취타

C105 뉴턴

C106 킥보드

C107 로켓단

C108 성냥팔이 소녀

D109 엑스레이

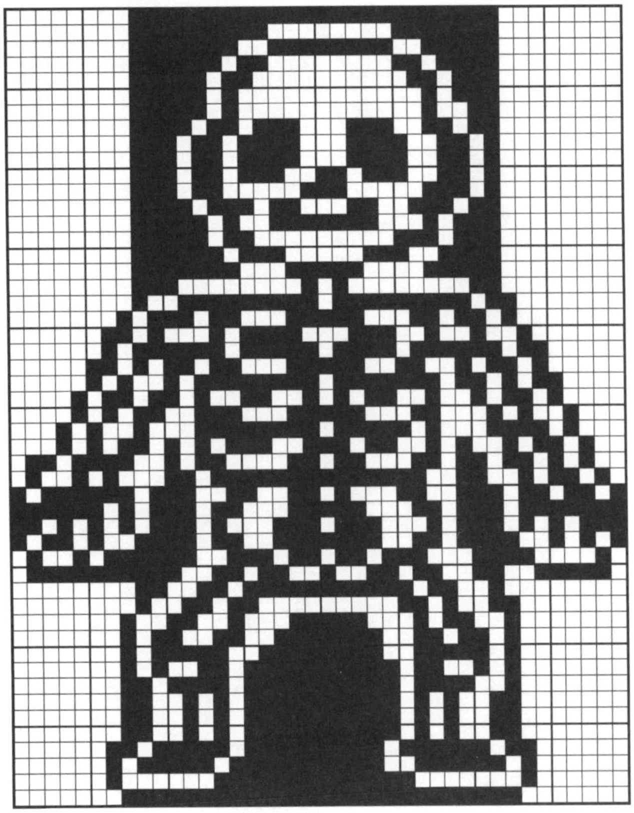

D110 선풍기

D111 백신

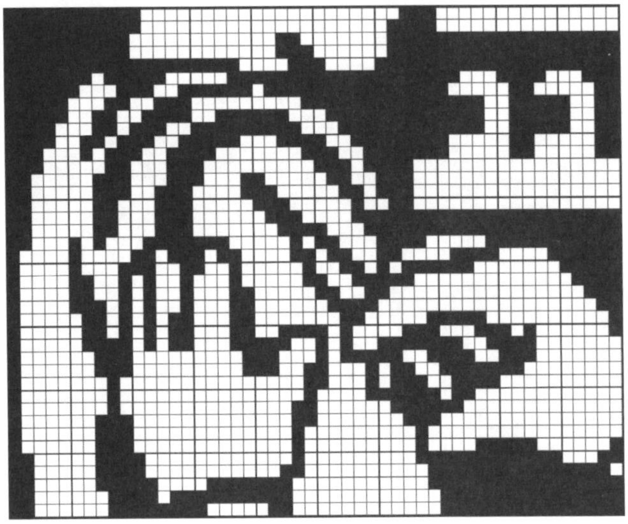

D112 케이블카

D113 스마트폰

D114 인터넷

D115 때밀이

D116 카메라

D117 엘리베이터

D118 영사기

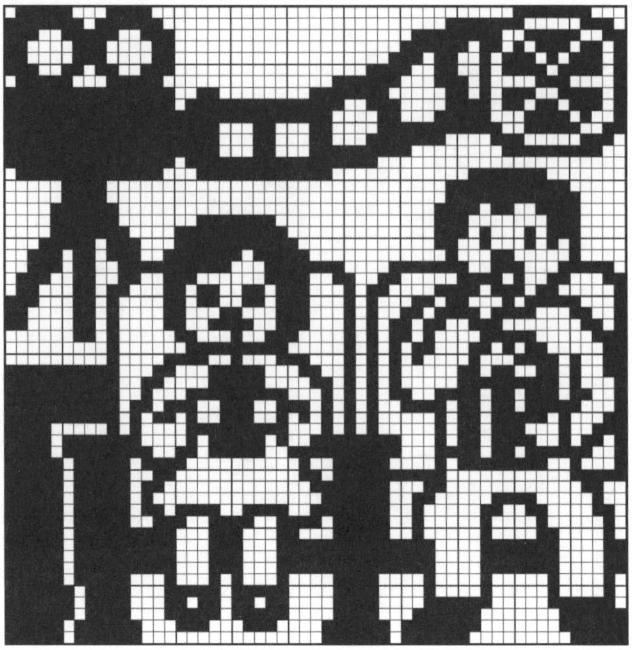

D119 거북선

D120 로켓